原書名：10歲之前不可錯過的32個遊戲

培養孩子會玩的軟實力

楊欣欣 ◎編著

前言

玩是孩子的天性，遊戲是釋放和表現天性的最好形式。中國近代著名幼稚教育家陳鶴琴說：「遊戲從教育方面來說是兒童的優良教師，他從遊戲中認識環境，瞭解物性；他從遊戲中強健身體，活潑動作；他從遊戲中鍛鍊思想，學習做人。」

科技的發展，使當代孩子成為了某種意義上最不會「玩」的一代。雖然從小就有芭比娃娃、搖控車、電子寵物等高科技玩具陪伴，卻丟掉了他們最原始的快樂。現代社會，人像天上的星星一樣擁擠，到處都是高樓大廈，可是鄰里之間卻不相往來，孩子們都被關在了一個叫做「家」的小天地中。最後，在科學遊戲的污染下，一個個變成了「電腦兒童」。

如何用最原始的方式找回最簡單的快樂呢？答案就在這本書中。

本書為您推薦了適合10歲之前孩子玩的32個遊戲，這些遊戲內容豐富，趣味性強，並且操作簡單。有的徒手就可以進行，比如編花籃、捉迷藏、爬樹、摸魚等；有的只需要一些隨處可見、隨手可得的道具，一顆石頭、一根繩子、一片樹葉、一堆沙土便可以將遊戲展開起來。這些有著濃厚鄉土氣息且懷舊感十足的遊戲，不受場地的制約，不受時間的侷限，隨時隨地都可以進行。

盧梭在《愛彌兒》一書中指出：「人越是接近他的自然狀態，他的能力和慾望的差別就越小，因此，他達到幸福的路程就沒有那麼遙遠。」孩子正處在一個感知世界的階段，對身邊的一切事物都充滿著好奇，多采多姿的遊戲不僅給孩子帶來無窮無盡的快樂，而且能使他從中學到更多的知識，開發智力。孩子在探索、發現、創新中認知和體驗身邊的事物，促進心身健康，提高自身素質，進而受益一生。

作者旨在讓孩子們在玩中學，學中玩，寓教於樂，並希望以此來彌補現代家庭教育和學校教育的不足，更好地培養孩子的社交能力、抽象思維能力和EQ素質。進而使孩子們盡情體驗快樂之「瘋」，感受成長之「趣」，從電腦、電視中解脫出來，重新投入大自然的懷抱，真正擁有一個天真爛漫、幸福快樂的童年。

目錄
Contents

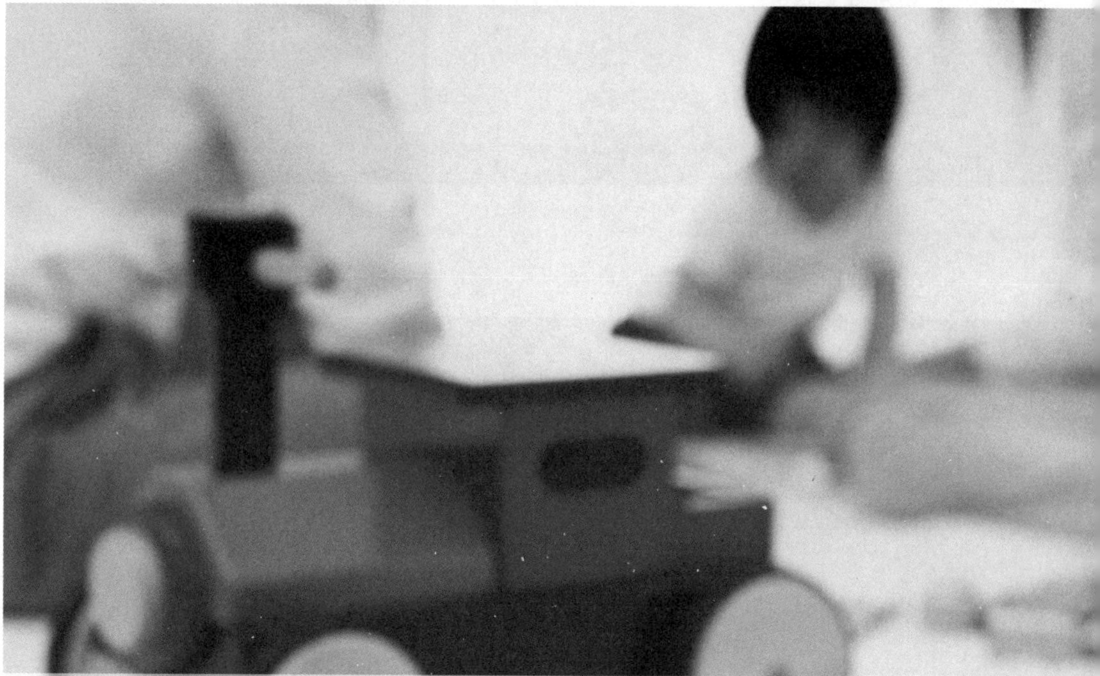

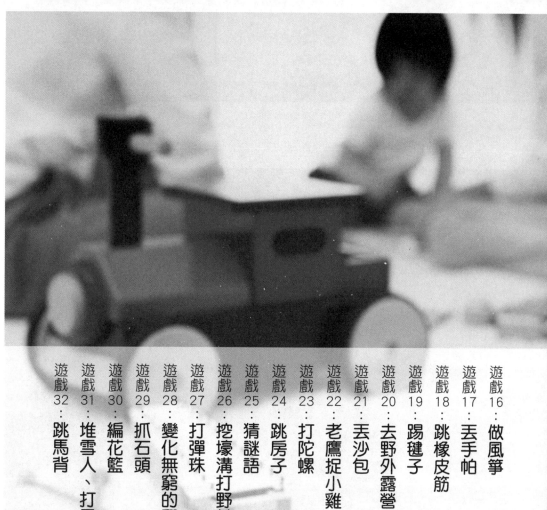

遊戲1

爬一爬，滾一滾

這一天，草地上召開爬行動物運動會。

第一組參加比賽的是小螞蟻。當裁判的哨音響起，六隻小螞蟻一起向前爬去，一個個爭先恐後，奮力爬向終點。跑道兩邊的「加油」聲此起彼落，熱鬧極了！當七組小螞蟻比賽完畢，每組的第一名再進行一場決賽，這七隻小螞蟻可都是佼佼者，簡直是不分上下，裁判們也無法分出勝負，最後只能評為並列第一。

第二組參加比賽的是小螃蟹。小螃蟹們的比賽增加了難度，既要速度快，還要掌握好方向。比賽開始了，大家側著身子奮力向前爬去，可是有的小螃蟹方向掌握不好，偏離了跑道，當然無法拿到冠軍了。

第三組是小烏龜。小烏龜要聽著鼓聲來比賽。鼓聲「咚咚咚」，小烏龜就往前爬，鼓聲「嗒嗒嗒」小烏龜就倒退著爬，鼓聲「咚嗒咚嗒咚嗒」，小烏龜就轉著圈爬。哦！真是太難了！哨音響起，鼓聲咚咚咚，小烏龜們爭先恐後地向前爬去，大家高聲歡呼著。突然鼓聲變成了嗒嗒嗒的聲音，反應快的迅速向後退去，可是有的小烏龜還在向前爬，場外的啦啦隊著急地大聲喊：「錯了！錯了！快點向後退！」賽場上氣氛更加熱烈了。鼓聲又咚嗒咚嗒咚嗒地響了，小烏龜們要轉著圈爬了。這時有很多小烏龜脫隊了，有向前爬的，也有向後退的，賽場上亂成一團，場外觀眾更是笑得前俯後仰……

第四組出場的是小刺蝟。小刺蝟要背上蘋果向前爬，既要看誰爬的快，還要看誰背的蘋果多。哨音響起，小刺蝟們迅速地向前爬去，前面是一大片蘋果，牠們就地打滾，背上沾滿了蘋

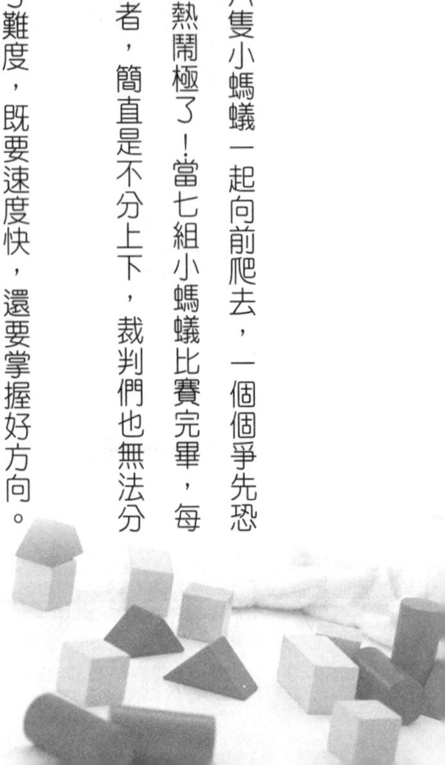

果。然後小心翼翼地爬起來，不讓蘋果落地，繼續向前爬。場外的啦啦隊不停地喊「加油！加油！」每個觀眾都為小刺蝟捏了一把汗。

比賽結束了，冠軍像小英雄一樣站在領獎臺上，臺下歡呼聲一片，大家玩得真開心啊！

大自然是運動智慧培養的天然樂園。小寶寶們在大自然中往往異常興奮，在草地上打滾，在沙地中爬行，透過在大自然中看看、抓抓、爬爬、滾滾，不僅擴大了活動範圍，還促進了感覺器官的發育，增強了大腦的思維能力。

親愛的小朋友，如果你也想在草地上玩爬行比賽，那就快點加入到大自然中來吧！

一、開心做遊戲

跟青蛙學抬頭（1～4個月）

爸爸在一邊唱兒歌：「一隻小青蛙，天天叫呱呱，對著天空望一望，對著媽媽笑一笑。」媽媽在一邊將一塊野外用的厚墊子鋪在草地上，然後讓寶寶趴在墊子上，媽媽蹲在寶寶的旁邊。如果寶寶經過努力看到了媽媽的臉，媽媽就親親寶寶。爸爸還可以用色彩豔麗的小玩具吸引寶寶，如果寶寶抬起頭看到這個玩具了，媽媽就將玩具拿過來，輕輕地放在寶寶的手中，算是對他的獎勵。

學小刺蝟背果果（3～6個月）

爸爸在一邊唱兒歌：「小刺蝟真淘氣，蘋果地裡打個滾，掛了一身紅果果，樂得刺蝟合不攏嘴。」因為寶寶大一些了，媽媽可以和寶寶玩小刺蝟背果果的遊戲。在草地鋪一塊大一點的布墊，畫一些好看的蘋果，剪下來，貼上雙面膠，把這些「蘋果」放在布墊上，讓有雙面膠的一面朝上，寶寶平躺在布墊上，一雙小腳併攏，兩隻小手抱在一起，身子向一側翻滾。連續翻滾了幾下之後，寶寶身上黏滿了「蘋果」。寶寶身上黏的「蘋果」越多，媽媽就越要表揚寶寶，緊緊地抱一抱寶寶表示祝賀，激發寶寶做這個遊戲的興趣。

在模仿中練爬行（6～9個月）

爸爸在一邊唱兒歌：「今天天氣真正好，小動物們起得早，穿上漂亮花花衣，跟著媽媽做遊戲。小狗小狗，汪汪汪，小貓小貓，喵喵喵，小雞小雞，嘰嘰嘰，我們都來做遊戲。」

在草地鋪上地墊，媽媽拉著一個玩具小狗在寶寶前面慢慢走，吸引寶寶來追。「寶寶快來，看看小狗怎樣爬！」寶寶兩條小腿跪起來，撅起小屁股，爸爸用手在寶寶肚子上托一把，用手

掌頂住寶寶的左右兩隻腳掌，寶寶高興地蹬著爸爸的手掌使勁向前爬。媽媽發現寶寶累了，就不要讓他爬了，讓寶寶拿到小狗，這樣寶寶會有成就感，增加了自信心。

如果寶寶累了，不妨原地打個滾，仰面朝天，讓小肚肚曬曬太陽。

鑽隧道變魔術（1～2歲）

在草地上放一個用紙箱自製的圓形筒，平放在地上，像隧道一樣。在隧道的底部鋪上地毯，在筒的一端放上寶寶喜歡的玩具。把寶寶放在筒的另外一端，媽媽在這邊輕輕呼喚寶寶的名字，讓寶寶爬過去拿玩具。媽媽一邊呼喚寶寶，一邊和寶寶捉迷藏，一會兒媽媽不見了，一會兒媽媽又忽然出現了，就像變魔術一樣，寶寶很好奇，覺得這是一個非常神秘的遊戲。

小烏龜去奶奶家（2～3歲）

帶上小型錄放音機，還有一個自製紙箱，選一個天氣晴朗的日子，帶寶寶去沙地玩小烏龜的遊戲。

遊戲開始，錄放音機中放著寶寶喜歡的音樂。（最好是大海的聲音）

1、自由爬行。

媽媽：「小烏龜是怎麼爬的？寶寶最棒了，快來試一試吧！」

寶寶興高采烈地在沙地上爬來爬去，還大聲地嚷著：「是這樣爬的，是這樣爬的！」父母這時要給予寶寶鼓勵的掌聲。

2、手膝著地爬過小路。

媽媽說：「今天我們一起去外婆家，到外婆家要爬過一條彎彎的小路，寶寶可要爬得好、爬得快一點哦！」寶寶手膝著地小心爬過小路，父母要一邊鼓掌，一邊提醒寶寶如何正確、協調地向前爬。

3、手膝著地爬山坡（在沙地上堆起一個小山坡，不要太高）。

媽媽：「看，前面有座小山坡，只要寶寶爬上山坡，然後從上面滾下來，我們的寶寶就是勇敢的小烏龜！不要猶豫了，快去試一試吧！」爸爸在一旁喊：「加油！加油！」激勵寶寶前進，媽媽要告訴寶寶在下坡的時候雙手抱頭滾下山坡，觀察寶寶的動作並給予適當幫助。

4、背上漂亮的房子爬行。

媽媽告訴寶寶：「奶奶為寶寶準備了禮物，一座漂亮的小房子（就是自製紙箱），這次你要先爬到奶奶家，再背上漂亮的房子爬回來。」寶寶這次熟練地爬過彎彎曲曲的小路和高高的山坡，到了奶奶家，背上奶奶送給的小房子爬回來。父母要重點告訴寶寶在爬行中注意調整方向，並說明寶寶帶著小房子滾下山坡。

遊戲結束，寶寶順利完成任務。父母要給寶寶適當的獎勵，並告訴寶寶他是最棒的。

二、愛心爸媽的行動指南

*在草地或沙地玩的時候注意不要讓一些堅硬的東西扎到寶寶，要遠離池塘和河流，防止寶寶打滾掉到水中；年齡太小的寶寶在草地或沙地爬和滾要鋪地墊，防止一些硬的草根扎到寶寶或寶寶誤食沙土；在草地或沙地上爬行時，可在膝蓋上戴上護膝和小手套，防止寶寶因膝蓋和小手磨擦引起疼痛而不願爬行。護膝不要太緊，以免寶寶感覺不舒服；要為寶寶換上寬鬆、有彈性的衣服，這樣寶寶活動的時候會感覺很隨意。

*寶寶年齡還小沒有嘗試過爬行，只會趴著不動，或者對地上的草和沙土感興趣，家長這時可以讓寶寶從斜坡上爬下來，這樣可以藉助外力幫助寶寶爬行。

*如果寶寶兩、三歲了，已經超過了學習爬行的年齡，他已經感覺自己是小大人，在草地打滾或沙地爬行會顯得太幼稚了。這時父母一定要陪著爬或滾，一來便於孩子模仿大人，二來帶動孩子的積極性。

*寶寶在草地做打滾和爬行的遊戲時，媽媽可以和寶寶聊天、講故事，讓他感覺這個遊戲是很輕鬆、很愉快的事。還可以放些寶寶喜歡的音樂，來增加寶寶對遊戲的興趣。

*可以用遊戲的方式增加在草地、沙地爬滾的樂趣，比如玩小烏龜找蛋的遊戲，把小球埋在沙地裡，小烏龜要爬著在地裡找蛋。還有小刺蝟在草地打滾背果果的遊戲。

*每次爬和滾的距離不要太長，一般15公尺左右即可，不要讓寶寶感到厭倦。

*每次練習爬和滾時間以3～5分鐘為宜，整個遊戲時間不要超過30分鐘。

*要記得給寶寶帶些食物和水，爬和滾的運動量很大，要即時給寶寶補充體力。

*如果衣服濕了要即時更換，以防寶寶感冒。

*隨時觀察寶寶，看到他沒有興趣爬滾時，就隨意在草地上躺一躺，休息休息。

*有的寶寶過了爬行的年齡還不會爬行和打滾，經常感覺一邊的半個身體沒有力氣，需要拖著另一隻腳向前移動，這時家長要特別注意，最好去醫院給寶寶檢查檢查，看看是不是寶寶神經系統發育有障礙。

三、這樣的遊戲千萬不要錯過噢！

1、爬和滾會使寶寶特別聰明。寶寶經過在草地或沙地摸、爬、滾、打，促進了大腦的發育。在痛苦和快樂的學習中，對大腦進行了一次又一次強化訓練。

2、草地上的爬與滾使寶寶活動量大增，全身的肌肉得到很好的鍛鍊，能量消耗增多，所以寶寶胃口大開，吃飯香香，身體棒棒。透過爬和滾運動也提高了寶寶的新陳代謝，更有助於身體的生長發育。

3、促進寶寶的身體平衡。寶寶和父母在草地上、沙地中做爬滾遊戲，接觸更多的人和事，使他看得更遠，聽得更多，促進了平衡感覺的發育和身體的協調，為日後站立和行走打下基

礎。

4、增進親子交流。在父母的幫助下，寶寶的成功體驗不斷增多，能夠在爬和滾中獲得興奮、成功、失敗等多種體驗。這些體驗能夠豐富寶寶的情感，父母與寶寶的互動中，也增加了親子關係。

5、提前開發了寶寶的情緒智商。在草地和沙地爬滾中，寶寶會碰到許多有危險的東西和父母不允許做的事情，並使父母開始以一定的規範來要求孩子，開始對寶寶不合規範的行為表示不快。這樣就提前開發了寶寶的情緒智商。

6、有利於寶寶的個性培養。在草地上、沙地裡摸、爬、滾、打，給寶寶帶來了意想不到的快樂，鍛鍊了膽量，使其更堅強。

7、寶寶的運動、神經等系統在摸、爬、滾、打中得到了充分的鍛鍊。並且激發了他的好奇心，促使其像一個小小的探險家一樣，到處去探索、去冒險。無形中，培養了寶寶未來獨立解決問題的能力並樹立了自信心。

8、提高了寶寶說話的能力。在草地上、沙地裡的摸、爬、滾、打，使寶寶進一步擴大了視野，外界的刺激多了，思維、語言和想像能力自然得到了發展與提高。

9、在草地上、沙地裡的摸、爬、滾、打，使寶寶接觸大自然的機會增多，自然界中空氣新鮮，鳥語花香，陶冶了寶寶的情操。

遊戲2

捏泥巴

「我告訴爸爸，我告訴媽媽，今天我不想把琴練，也不想把那畫筆拿，我只想，痛痛快快地玩泥巴。我捏的小狗汪汪叫，我捏的小貓搖尾巴，我捏的小鳥飛呀飛，我捏的小人樂哈哈。爸爸別生氣，媽媽別著急，玩泥巴的孩子也可愛，玩泥巴的孩子也聽話。爸爸別生氣，媽媽別著急，小手髒了可以洗乾淨，洗乾淨了還是好娃娃。」這首廣為流行的歌曲不僅唱出了現代孩子們對玩泥巴的強烈渴望，也會讓人想起「女媧造人」的古老傳說。

相傳，盤古開天闢地，製造了日月星辰、草木山川，還有蟲魚鳥獸，為這個死寂的世界增添了許多生機。

一天，一位美麗的女神——女媧來到人間，她放眼四望，雖然周圍的景色迷人，但總感覺少點什麼，有一種說不出的寂寞縈繞在她的心間。她孤寂地坐在池塘邊，忽然水中的影子提醒了她。如果有一些像自己這樣能說話的人陪伴，就不會寂寞了。女媧非常興奮，她立刻在池邊挖了一些土，和上水，比著自己的樣子捏起來。捏好放在地上，居然活了，還會講話。女媧非常高興，她想把這個世界變得更加熱鬧，於是不停地捏啊捏啊，把手都捏麻木了。可是這個世界太大了，她捏了很久也沒有捏出多少人。最後，她想起一個簡單的辦法，用一根藤條沾上泥漿向地上揮灑。一瞬間，千萬點泥漿全都變成了一個個小人，他們歡呼雀躍著慢慢散去，據說這就是現在的人類。

法國教育家盧梭在《愛彌兒》一書中就講述了人與泥土的密切關係。人的進化離不開泥土，人的生活也離不開泥土，不要說泥土養育了萬物，就是我們平時用的各種陶器、瓷器，不都是來自泥土嗎？

與泥土為伴，當然更是寶寶們樂此不疲的事情了。

一、開心做遊戲

會變魔術的泥巴（1歲半～3歲）

寶寶1歲半後，從口腔期進入觸摸期，開始透過手感瞭解各種事物。父母可以和寶寶做一些簡單的捏泥巴遊戲。

1、為寶寶準備一些柔軟的泥巴。

2、因為是第一次接觸泥巴，媽媽可以提示寶寶：「摸一摸、揉一揉這些泥巴，它是會變魔術的，你看媽媽給你變什麼？」隨後，媽媽可以捏一個小狗給寶寶看，寶寶會感覺非常好奇，就會自己動手去捏。

3、剛開始寶寶什麼也不會捏，媽媽告訴寶寶：「很簡單，像玩雪球一樣，揉成團，使勁往桌上捽，你看這像什麼？哈哈！是不是旺仔小饅頭啊！」再讓寶寶試著搓成條，問寶寶這像什麼。寶寶會告訴你很多東西的名稱，比如麵條、蛇、蚯蚓等等。

4、寶寶的興趣已經被激發出來，會積極地參與活動。這時可以讓寶寶捏一些相對複雜的東西了。

媽媽：「寶寶，我們變一個小蘿蔔、小蛋糕、小鴨子怎麼樣？」寶寶會展開想像力，又揉，又搓，又捏，雖然捏了個四不像，但是寶寶也會歡呼雀躍。媽媽不要去要求寶寶，無論捏成什麼樣都要給予肯定，鼓勵寶寶繼續捏。在遊戲中寶寶會發現，揉一揉能使泥變圓；搓一搓能使泥變長；壓一壓能使泥變成餅，簡直是太神奇了！

我的小小動物園（3～6歲）

三歲以後，寶寶的小手運動靈活，有能力控制肌肉了，可以捏出各種形狀的小玩具，這樣就可以和寶寶玩捏動物的遊戲了。

1、父母為寶寶準備相對硬一些的泥巴，這樣需要有一定的手指力量，常玩可以鍛鍊手部肌肉。

2、為了激發寶寶的創作靈感，父母在房間裡佈置好動物園的背景，放一些泥巴捏好的各種小動物、小房子、小工具等等。還可以給寶寶放一些有小動物的影片，讓寶寶仔細觀察。

3、媽媽來當動物園飼養員，邀請寶寶來參觀她的動物園，讓寶寶展開豐富的想像捏出神采各異的小動物。

4、寶寶一邊看影片中的小動物，一邊動手捏泥。透過觀察，寶寶可以捏出一些動物的雛形，但是一些動物的形態還是捏不出來。媽媽要即時提醒寶寶，仔細看看小動物。看看牠們都是什麼樣的，有哪些區別，又有哪些相同的地方；要捏出好看、活潑可愛的小動物，一定要揉團、捏扁、壓平，黏合時要用力，這樣動物才站得住。媽媽可以捏一隻伸懶腰的小狗，讓寶寶捏一隻搖尾巴的小狗。寶寶透過認真學習，反覆實踐，最終會捏出栩栩如生的小動物。看著寶寶那稚嫩的小臉上綻放出成功的喜悅，媽媽會高興萬分。

5、經過努力，寶寶會捏出很多小動物，如活蹦亂跳的小猴子，憨厚可愛的大熊貓，長長鼻子的大象，還有蹦蹦跳跳的小兔子。寶寶會興高采烈地告訴妳：「媽媽我也有動物園了！」媽媽這時要抓住機會：「寶寶，看看動物園裡還缺什麼？是不是周圍要有小柵欄？」寶寶的積極性這時已經被充分挑動起來，接著跟媽媽學捏小柵欄、小房子、小山還有小樹。憑藉著豐富的想像力，寶寶將小動物園佈置得漂漂亮亮，有山、有樹、有花、有草、有小房子、還有一個小人。他會告訴媽媽，那個小人就是他，他要照顧小動物們。

你見過可以摔著玩的碗嗎？（6～10歲）

寶寶長大了，可以自己出去和小朋友一起玩了。夏天的雨後是玩摔泥碗的最好時節，暖暖的陽光照在孩子們的身上，樹葉清翠欲滴，蟬兒爭先恐後地叫著。孩子們像出籠小鳥，那種發自內心的巨大快樂是難以言表的。

下面，就來進行一場摔泥碗比賽吧！

1、拿著小鏟子，到家附近一個有膠土的地方挖土（到野外小溪邊最好，這裡有水有泥，但是現代家庭通常離野外都太遠。要是有幸住的地方有院子，院子裡的土也可以，實在沒有辦法也可以在社區的空地或廢棄的操場），挖好土找一塊平整光滑的地面，最好是水泥地或木板，倒上土，以土和水1比2的比例，用手將泥土和稀，並簡單揉成團。摔泥碗的泥不能太乾，那樣會很硬，也不能太黏，那樣捏不出碗的形狀。

2、小朋友們分成兩組，比賽即將開始。大家把和好的泥平均分成兩份，透過「剪刀、石頭、布」選出先摔的一方。

3、比賽正式開始，小朋友們都坐在地上，埋頭仔細做自己的泥碗。

①從泥團上揪下一塊，約有孩子的小拳頭大小，放在地面上用力揉，像揉麵糰一樣，揉勻揉軟，揉成一個圓球。

②把泥球壓扁，用大拇指在中間摁出一個坑，然後一手托著泥團，一手沿著這個坑往外

捏。轉著圈捏，擴大坑的面積，捏出一個類似菸灰缸的形狀。

③繼續加工「菸灰缸」，這時大拇指不夠用了，食指、中指、無名指都用上，「菸灰缸」逐漸變大，比原來的泥團大出好幾倍。此時，它的底略凸，缸沿比較低、比較薄，沿口平齊。最突出的是「缸底」，變得很薄很薄，最薄的地方是中間，幾乎要透明了。泥碗底部做得好、做得薄，摔得才會響，炸的洞才會大。

3、泥碗做好了，到了比賽的關鍵時刻。這時先摔的那一方站起一個孩子，往泥碗裡呵呵氣，然後唸唸有詞地說：「我的泥碗響，我的泥碗大！」然後大聲問問：「響不響？」自己的人會大聲喊：「響！」對方的人大多會喊：「不響！」不管說什麼，比賽者都高高舉著泥碗，口朝下猛力一摔。摔泥碗時用力要均勻，太大力、偏了、小了，效果都不好。如果用力偏了，發出「噗」一聲響，泥碗炸開的洞會很小。如果用力均勻，泥碗底部的泥會炸得粉碎，四處飛散，洞口大開。

4、對方小朋友根據泥碗底炸開洞口的大小，用自己的泥巴補上。如果摔泥碗時泥碗摔在地上全散了，而不是碗底上有洞，對方就可以不賠償泥巴；如果碗底炸開的地方還連接在一起，對方可以將連著的部分盡量復原，然後按復原後還剩下的最小漏洞進行補償。

5、接著，對方小朋友開始摔泥碗，程序同上。炸開的洞口也要補齊。

6、比賽繼續進行，直到最後根據雙方手中的泥巴多少，判定誰勝誰負。泥巴多的贏，泥巴少的自然就輸了。

雨後清新的空氣中充滿了孩子們的歡聲笑語，這些泥巴會讓他們玩很久很久。

二、愛心爸媽的行動指南

*泥巴是可以洗掉的，不要怕寶寶玩泥巴，隨時給寶寶準備一盆清水，玩完後立刻洗乾淨。

*寶寶比較小時，父母要注意，寶寶會把泥巴當成好吃的東西塞進嘴中。

*在捏的過程中，即使寶寶只會揉揉、搓搓，捏的什麼都不像，也不要打擊寶寶，要鼓勵、誇獎，提高寶寶玩遊戲的積極性。

*在玩遊戲之前，給寶寶營造一個好的氛圍，在輕鬆愉快的環境中，才能激發寶寶的創作靈感。

三、這樣的遊戲千萬不要錯過噢！

1、寶寶一歲半後，從口腔期進入觸摸期，開始透過手感得知各種事物。柔軟、黏稠的物體對此時孩子的神經末梢很有好處，會加強他們的感知能力和大腦的反應能力，並提高手和大腦的靈活性。泥巴恰是這種物體，比起那些專門給孩子抓香蕉的遊戲還要好。

2、寶寶再大一些需要鍛鍊觸覺能力，玩泥遊戲中的搓、揉、捏、拍、壓等動作，起了很好的訓練作用。寶寶用手接觸泥土、充分瞭解泥土的特性，並表現出不平凡的創造性。

3、玩泥巴，是孩子的手、眼、腦協調互動的一個過程，可以開發孩子的動手能力。智力的發展源於動作，玩泥巴正是提供了這樣的機會。給孩子一塊泥，他會創造出意想不到的美妙。同時，還能反映出寶寶愛的情感和體驗。

4、玩泥巴不僅可以提高寶寶的感知力、觀察力、想像力和創造力，還能提升他們的藝術欣賞力，更能增添童年趣味，強化爸爸、媽媽與寶寶之間的感情交流。

5、在反覆的製作中，減少了挫折感，樹立了自信，體驗了成功的喜悅。

6、透過遊戲提高了寶寶自由塑造的能力，雙手一起運動刺激了左右腦的發育。

8、寶寶在泥塑的過程中，接觸並瞭解了民間文化藝術，潛移默化地受到藝術薰陶，提高了修養。

9、在快樂的捏泥遊戲中，寶寶創造性地表現出對客觀事物的認知和理解，提高了自身的空間知覺。

10、更為重要的是，經常玩泥巴可以加強兒童的免疫力，進而使免疫系統「認識」細菌而不會產生過敏性。

遊戲3

自由塗鴉

去過迪士尼樂園的人都知道，那是孩子們的天堂，每個人都會得到無窮的快樂和夢想。可是你知道創造這個神奇世界的人是誰嗎？他叫華特．迪士尼，能夠為人類奉獻迪士尼樂園，竟得益於他童年時代的自由塗鴉。

迪士尼童年時生活在美國密蘇里州的一個農場中，每天與妹妹一起，或者在附近的池塘游泳，或者到田間與小動物玩耍。當然，他特別喜歡的事情是畫畫。由於家裡窮，他沒有筆和紙，所以每天用樹枝在大地上、牆壁上塗鴉，有時畫一些小動物，有時畫一些花花草草。胡亂塗鴉讓他非常興奮，妹妹也興高采烈地為他鼓掌喝采。

經過幾年塗鴉，迪士尼畫得越來越好，越來越逼真，這引起母親注意。在他11歲時，母親為他帶回一本畫冊，告訴他可以照著上面的圖畫。迪士尼開心極了，有了塗鴉的基礎，他臨摹起來十分簡單，很快掌握了要領，進而走上繪畫之路。

迪士尼與所有孩子一樣，從3、4歲開始，最喜歡亂塗亂畫，不過慶幸的是，他在成長路上沒有受到意外干擾，而是完全自然地度過了塗鴉期，這為他以後的成長奠定下了基石，讓他以無比豐富的想像力和創造力打造了迪士尼樂園。

塗鴉是所有孩子都愛做的事，儘管成年人根本看不懂他們畫的是什麼。可是塗鴉的意義不是讓孩子學會畫什麼東西，而是讓孩子從被動的經驗中獲得滿足。2～4歲的孩子，肌肉的動作還不協調，但體驗動作與痕跡的關聯會給他非同一般的愉快感受。所以，塗鴉對孩子成長意義

重大，是不可缺少的一項遊戲。

一、開心做遊戲

快樂的點點、線線和圈圈（1～3歲）

一到兩歲的小寶寶天生就是「小畫家」，只要手中拿到筆就會到處亂畫一通，不管你是剛剛粉刷一新的牆壁，還是乾乾淨淨的衣服。

1、一歲的寶寶，已經能拿住筆，但是由於肌肉控制能力還很弱，只能戳一些小點點。這些簡單的小點點就是寶寶有生以來的第一部偉大作品。媽媽可以在紙上畫一座小房子讓寶寶用五顏六色的色筆去點，然後高興地告訴寶寶：「寶貝你真棒！會讓我們家下七彩雨了。」

2、寶寶兩歲了，可以從一開始的「小雨點」畫彎彎曲曲的線了。這條線很長很長，直到寶寶沒有力氣畫了，才會停下來。此時是開發寶寶想像力和創造力的好機會，媽媽可以讓寶寶用色筆隨意在紙上畫滿色彩絢麗的線。媽媽提示寶寶：「你畫得真好，這個綠色的豎線是不是大樹呢？」寶寶想想然後點點頭，媽媽在樹上畫幾個紅紅的蘋果。藍色的橫線很像一條小河，媽媽可以在河中畫上小魚。還可以和寶寶玩串珠子的遊戲，媽媽在紙上畫出一條珠子串成的項鍊，各珠子之間都留出一段距離，讓寶寶用筆畫線連在一起。

3、寶寶三歲了，從點到線，現在已經會畫圈圈了，這個圈像媽媽的毛線團，無頭無緒。媽媽先給寶寶做示範，畫一個規規矩矩的圓，讓寶寶模仿著畫，也可以手把手教寶寶。然後媽媽把寶寶畫得奇形怪狀的圈圈加上幾筆，就變成太陽公公、美麗的向日葵花、變形的氣球等等，拿給寶寶看，他會很高興，很有成就感。給寶寶講畫家達文西畫雞蛋的故事，讓寶寶畫雞蛋。這些都是讓寶寶很開心的遊戲。

吹泡泡的小女孩（3～6歲）

寶寶已經從萌芽階段到了象徵性階段了，妳會在寶寶雜亂無章的圈圈點點中，發現一些似人非人，似物非物的形象，這正是創造的開始。

1、媽媽在一張白紙上畫一個漂亮的小女孩（也可以從畫報上剪一個現成的貼上）。

2、媽媽告訴寶寶，小姐姐在草地吹泡泡，讓寶寶給小女孩畫上吹出的泡泡。

3、等寶寶在紙上畫滿後，媽媽提示寶寶：「告訴媽媽你畫的都是什麼啊？」寶寶會給妳一個意想不到的答案。他會指著畫上的東西告訴妳，綠色的豎線是小草，綠色長長的線是大樹，褐色的線是高高的樓房，藍色彎彎曲曲的橫線是小河，五顏六色的小點點是美麗的花朵，那些黑色的小叉叉是小朋友，而滿畫面的大大小小的圈圈就是漫天飛舞的泡泡了。很

讓妳激動吧！寶寶給妳展現了一幅生動活潑的畫面。媽媽把寶寶指出的點點、圈圈、線線用色筆著重描一下，加深了寶寶對自己「作品」的理解和印象。

4、把寶寶這幅作品用相框裝上，掛在寶寶的房間中。這是對寶寶莫大的肯定和鼓舞，也成為了他日後繪畫的動力。

媽媽也可以畫一些寶寶熟悉的東西，比如小狗、小鴨子，讓寶寶給牠們添上眼睛；畫個小汽車，給車畫上輪子；畫個圓圈當人，讓寶寶添上五官，告訴寶寶，眼睛是兩個小點，嘴巴是一條彎彎的弧線，鼻子要在圓圈裡面……

醜陋的丁老頭（6～10歲）

稍微大一些的孩子已經對繪畫產生了濃厚的興趣，初步掌握了人和物的基本特徵。這時，父母透過故事和寶寶進行一個有趣的遊戲。

1、給寶寶講故事：從前有個和藹可親的「丁老頭」，他曾經紅遍大江南北。在他走過的地方，孩子們拿著粉筆、磚頭，滿地、滿牆地畫，巷子裡，大街上到處都是他慈祥的身影。孩子們聚在一起比賽，看誰畫得好，看誰畫得像，看誰畫得最傳神。

2、寶寶被故事激發出濃厚的興趣，摩拳擦掌，躍躍欲試。媽媽趁機告訴寶寶：「現在是不可以到處亂畫的，牆上不能畫了，我們可以畫在地上。」

3、告訴寶寶：「想學嗎？如果想畫好『丁老頭』，就要把歌謠背得滾瓜爛熟。」「一個丁老頭兒（鼻樑），借我倆皮球兒（眼睛），我說三天還（腦門兒的皺紋），他說四天還（嘴）。還了一個臭雞蛋（圓臉）。說三天，就三天（耳朵），三根兒韭菜（頭髮）三角三（鬍子），一塊兒豆腐（身子）六角六（手臂和手），兩根兒芹菜（腿）不要錢。」寶寶饒有興趣地背歌謠。

4、歌謠背得差不多就要動手畫了，父母一邊背一邊畫，讓寶寶在旁邊學，例如：先背一句「一個丁老頭兒」，在地下寫一個大大的「丁」字。告訴寶寶這是鼻樑；寶寶也跟著畫，然後「借我倆皮球兒」，在「丁」字的豎勾兩邊各畫一個圓圈，當做眼睛；「我說三天還」在「丁」字上面寫一個「三」字，這是腦門兒的皺紋；「他說四天還」，在「丁」字的下面寫一個「四」字，這是嘴；「還了一個臭雞蛋」，畫一個大圓圈當臉，把前面畫的這些全都圈在裡面。「說三天，就三天」在圓臉外面左右兩邊各寫一個「3」這是耳朵，當然有一個3是反寫的……

5、背完了也畫完了，看看寶寶畫得怎麼樣。開始可能畫得不像，一定要鼓勵寶寶：「你畫得太棒了！」讓寶寶不要擦掉開始畫的，看看是不是越畫越好，越畫越傳神。這樣孩子就會有成就感，因為他明白了只要努力就會做得更好。

可以鼓勵寶寶去找其他的小朋友一起比賽畫，看誰畫得最快，畫得最像。

二、愛心爸媽的行動指南

＊在寶寶開始會拿筆的時候，父母一定要教導寶寶正確的握筆方式，如果因為寶寶年齡小，讓他隨便抓握，養成習慣，將來是很難改正的。

＊當寶寶開始拿筆到處亂戳的時候，父母不要露出焦急和失望表情，哪怕是一聲嘆息，都會對寶寶是一種打擊。敏感的寶寶可能會因此抵觸筆和紙，嚴重影響將來的學習。

＊父母們必須記住「自由」二字。特別是4歲以前的孩子，是塗鴉的關鍵期，這時不怕畫得「亂」，就怕畫「不亂」。不管他塗得如何，畫得怎樣，爸爸、媽媽都不要禁止，要放任自流。

＊父母過早地介入孩子的塗鴉活動，試圖灌輸給孩子繪畫的規則和技巧，或者教導他對色彩、空間的認知，無疑會扼殺孩子的直覺和創意能力。要記住一點：想像力遠遠比繪畫技巧更重要、更可貴！當想像力被扼殺時，物體就會在孩子頭腦中形成固定的模式，從心理層面上講，感知的探索和情緒的表達隨之僵化，危害深遠。

＊要鼓勵寶寶、尊重寶寶，不要拿寶寶和別的孩子去比較，這樣寶寶會有挫敗感。媽媽要把寶寶不同時期的繪畫標上日期，保存好，或者用相框裝上掛在房間裡，寶寶會感覺這是對他最大的尊重，他會把繪畫當成一項重要的事情去做。

＊多給寶寶一些生活的感受，帶寶寶到自然界中玩，多參加一些有益的社會活動，增加寶

寶的知識和經驗，讓寶寶插上想像的翅膀，在繽紛的繪畫世界中盡情遨遊。

三、這樣的遊戲千萬不要錯過噢！

寶寶一歲後，開始對筆感興趣，兩歲時就能自由地握筆塗鴉了，如果從這個時候就給他塗鴉的自由，會給寶寶的成長帶來很多好處。

1、塗鴉可以鍛鍊寶寶的動手能力。手是人的第二大腦，手的活動可以鍛鍊肌肉，讓動作更靈活；還可以協調大腦發展，提高智力。

2、塗鴉可以開發寶寶想像力，讓他自由馳騁在自我創造的世界中。寶寶兩、三歲時，語言表達能力較差，有時候無法傳遞自己的情緒、感覺，這時自由塗鴉給了他機會。透過塗鴉，寶寶可以不受任何限制地用直覺揮灑自己的情緒、創意，進而獲得無以言表的樂趣與成就感。

3、塗鴉會提高寶寶手、眼、腦的協調配合能力，增強腦、眼對手的指揮能力，這種作用是其他活動無法替代的。

4、塗鴉是寶寶感知世界的特殊方式，在反覆多次塗鴉中，寶寶以最初的方式感受著世界，逐漸提升自己的認知能力。

5、塗鴉可以增強寶寶創造力，無拘無束地塗、畫是一個創造的過程，可以反映出孩子心智的

成長狀態。當寶寶專注地、不受干擾地塗鴉時，正是他富有創造性的表現。

6、塗鴉有時候會讓人覺得很荒謬，有時候又覺得很微妙，但它是有思想、有生命力的。它寄託的是兒童的情緒，呈現的是兒童美好的心靈。

7、透過塗鴉可以瞭解寶寶的內心世界。在寶寶一兩歲時，語言功能還不健全，不能清晰地表達他的思想和感情，塗鴉便成為了他發洩和表達感情的途徑。

遊戲4

123木頭人

「我們都是木頭人，一不許說話，二不許動！」

夏天的傍晚，涼風習習，小朋友們三個一群兩個一夥，蹦蹦跳跳來到村前的空地集合。

「玩木頭人嘍！」大家透過「剪刀、石頭、布」確定一個人抓，其他的做木頭人。抓人的要離大家遠一些，背對大家站著，大聲唱著「一、二、三，木頭人！」木頭人在歌聲中迅速地四散逃開。當負責抓人的小朋友迅速回頭時，所有的木頭人都要立即「定住」，不管你當時是什麼姿勢，即使摔了個「狗吃屎」也不能動。如果被他發現有誰稍微一動，那麼這個動的人就被換去抓人。在一次遊戲中，有一個小朋友一隻腳剛站好，另一隻腳還沒有放下，抓人的突然回頭，他就來了個「金雞獨立」，死死撐在那兒。哦！真是慘了！抓人的壞笑著走到他面前，張牙舞爪地盯著，嘴裡還發出怪怪的聲音，直到這個木頭人忍無可忍「轟」然倒地。其他的小朋友都笑得嘴歪眼斜，就是不敢動。

童年的遊戲就是這樣其樂無窮，讓人終身難忘。

讓我們一起來做一些有趣的小遊戲，讓寶寶細細體會安靜帶來的一切。

一、開心玩遊戲

安靜的小遊戲（1～3歲）

1、媽媽：「寶寶，我們來玩一個小小木頭人的遊戲好嗎？」「山、山、山、山上有個木頭人，不許說話不許動！」話音剛落，寶寶就要閉上眼睛，無論媽媽說什麼、做什麼都不許說話不許動。

2、接著，媽媽就可以故意做一些寶寶喜歡的事情，例如說：「我要去遊樂場嘍！有沒有人要一起去玩呢？」寶寶通常經不起誘惑，就會大聲回答：「我去，我去！」這時媽媽就可以告訴寶寶：「哈哈！寶寶你怎麼忘了，媽媽告訴你不能說話的，你犯規了，要接受懲罰噢，讓媽媽刮刮你的小鼻子吧！」寶寶這時才知道上當了，乖乖地讓媽媽刮鼻子。

3、經常和寶寶玩這樣的遊戲，寶寶會很喜歡，慢慢地他就會遵守遊戲規則，知道該安靜的時候就得安靜了。

4、我們還可以把這個小遊戲用在哄寶寶睡午覺的時候，平時我們無論說多少遍進入午睡要保持安靜，要閉上眼睛，可是寶寶就是聽不進去。媽媽一邊拍著寶寶，一邊講故事，要很長時間才會哄他入睡。我們不妨和寶寶玩木頭人的遊戲，寶寶會很高興學木頭人的樣子，安安靜靜地躺在床上，閉上眼睛，睡著不動，不說話，很快就會在愉快的氛圍中進入甜甜的夢鄉。

聆聽四周（3～6歲）

喧囂的夏季，在幼稚園待了一天的寶寶，既煩躁又乏味。到了傍晚，我們可以帶寶寶去公園或社區的草坪上玩一玩。晚風習習吹過，草坪上點綴的野花散發出淡淡的清香，遠處的斜陽映襯在一片晚霞中，使人心情舒暢。

1、我們和寶寶坐在草坪上玩木頭人的遊戲，先靜下心來、閉上眼睛，深深吸一口氣。誰都不要說話，不要動，靜靜用耳朵聽身邊的聲音。

2、如果孩子年齡還小不會聽的話，可以先輕輕地告訴寶寶：「聽一聽風吹過草地的聲音、遠處的鳥叫聲、你自己細細的呼吸聲、旁邊的汽車轟鳴聲……」很多時候，你會發現，寶寶聽到自然界的聲音遠遠比我們多，不知道是孩子們天生就有一雙完美聰慧的耳朵，還是他們生來就懂得享受來自心靈的寧靜美妙之音。

愛捉弄人的木頭人（6～10歲）

木頭人的玩法很多，但是大一點的寶寶通常還是比較喜歡以下這個遊戲：

1、用抽籤的方式抽出一個可以動的人，其他的小朋友都是木頭人。

2、大家四散跑開，開始玩這個奔跑的遊戲。這個被抽到的孩子拼命奔跑，眼看就要追到前面的木頭人了，就在這勝利在望的時候，被追的人一聲「木頭人」立刻不動了。追人的孩子跑得氣喘吁吁，只好垂頭喪氣地去尋找下一個目標。當他去追別的木頭人的時候，其他的小朋友過來輕輕拍一下剛剛「定」住的木頭人，這個木頭人又活了，可以繼續跑動了。

3、這個被救活的木頭人往往會洋洋自得地做各式各樣的鬼臉，慶祝他的勝利，或者故意跑到追他的人附近大喊「來抓我啊！」

被捉弄的木頭人（6～10歲）

還有一種玩法，孩子們在課間就可以玩。

1、幾個孩子圍坐在一起，透過「剪刀、石頭、布」選出一個人可以動。

2、其餘的人一起唱：「我們都是木頭人，不許說話不許動，更不能笑。」唱完後立刻保持靜止狀態，誰要是動了，或者笑了，那就是犯規，要罰他下一次去抓人。木頭人們個個形態各異，有的為了不讓別人把自己逗樂，牙齒咬住嘴唇，眼睛瞪得圓圓的；有的靜靜地坐著，閉著眼睛什麼都不想，達到忘我的境界，就是有蚊子來咬也不動。

3、那個可以動的孩子，這時候就會跳出來，盡情發揮他的惡作劇，使出渾身解數逗笑木頭人。他圍著這些木頭人轉來轉去，伸過頭去看看那個，回過頭來聞聞這個。再忽然來個大轉身，給旁邊的木頭人「搔癢癢」，嘴裡還喊著「笑一笑！笑一笑！」看著大家無動於衷他心生一計，突然爬到桌子上，自編自演做起了鬼臉遊戲：扮「豬八戒」去拱地，把身體趴在桌上拱啊拱啊……有的木頭人終於憋不住哈哈大笑了。

二、愛心爸媽的行動指南

義大利教育家蒙特梭利博士曾說：「注意力集中，是兒童日後一切發展的基礎。」她用圓規畫圓做比喻，說明專注力有如圓心，當圓心固定時，才能畫出完美的圓。

現在有很多做父母的常常為自己的寶寶煩躁、好動，不能完整做好一件事而擔心生氣，動輒打罵。但是往往適得其反，毫無效果。其實，孩子天生就有安靜的特質，只是做父母的沒有給他們創造相對的環境。

大家都知道，剛剛出生的嬰兒看著他的小手就能安安靜靜地玩上幾個小時。如果父母能懂得給孩子安排適當的環境，孩子的內心就會安靜下來，變得沉穩、喜悅、專注、忘我。孩子達到這種境界還有什麼事情做不好呢？孩子的專注力可以透過遊戲來培養，「木頭人遊戲」就可以讓孩子用意志力控制他的行動，達到專注，提高做事效率。透過這個遊戲，孩子的身心得到放鬆。正如偉大的發明家愛迪生所說：「發明是來自於宇宙的無限力量，透過我們表現出來的東西，在我們放鬆的時候就會出現。」

三、這樣的遊戲千萬不要錯過噢！

寧靜是神與心和諧的境界，需要時間的磨練才會達到的狀態。

1、透過遊戲孩子會萌發規則意識。在遊戲中孩子知道了什麼是可以做的，什麼是不可以做的，不遵守約定就要受到懲罰，初步有了規則意識。

2、集體遊戲互相配合，增進了孩子們之間的情感。現代家庭中的孩子多是獨生子女，在家嬌生慣養，以自我為中心。透過大家在一起遊戲，使孩子認識到合作的重要性。

3、在遊戲中要不被別人逗笑就要努力克制自己，孩子學會了控制自己的情緒。同時也學會了怎樣去逗笑別人，挑動起別人的情緒，無形中增進了孩子們之間的感情，拉近了彼此的心理距離。

4、遊戲過程中能培養孩子肢體控制的能力與意志力的發展，鍛鍊了孩子不為外物所動，波瀾不驚的秉性和忍耐力。

5、在遊戲中，孩子發現了安靜的可貴，並享受來自心靈深處的寧靜之美。

6、孩子有天生愛好安靜的本性，父母要做孩子的朋友而不是干預者，尊重孩子身心的發展，給他一定的空間，讓其完善地開展自我。

7、透過遊戲，孩子的內心得到平靜，懂得去關心別人，寬容別人。

8、當我們安靜時，精神是放鬆的，這時大腦就會出現α波，α波會發揮豐富的想像力，有助於右腦的開發。右腦是潛意識的泉源，潛意識被啟動後，人會爆發出豐富的想像力和創造力，還能夠讓人注意力集中，表現為積極的學習能力、有效的理解能力，以及超強的記憶能力。每個孩子都有成為天才的可能，如何做到這一點，關鍵就在於孩子左右腦均衡發展。

9、在遊戲中開始，一些孩子沒有足夠的自我控制能力，透過多次練習，「安靜」的氣氛可以感染他們，使其慢慢學會自律，而且懂得尊重別人。

10、透過遊戲，孩子學會控制自己的行動，在父母的引導下製造安靜，在充分享受安靜的過程中，聚集能量，激發個人獨特的潛能。

遊戲5

玩棍棒

還記得大名鼎鼎的小熊維尼嗎？一天，他在橋上專心地作詩，不小心把手中的果子掉到河裡，維尼好著急，趕緊四下尋找果子。過了一會兒，有趣的事情發生了，果子從橋的另一頭出來了！維尼覺得太神奇了，他連忙喊來其他朋友，大家興致勃勃地玩起這個遊戲，他們在橋的一邊扔木棍，然後看誰的木棍先從橋的另一邊漂流出來。

維尼和他的朋友們如此喜歡這個遊戲，百玩不厭，成為他們生活的百畝林裡最有名的遊戲。後來，就連平時鬱鬱寡歡的企鵝也喜歡上這個簡單的遊戲。晨光中、夕陽下，他們常常聚會在橋頭，隨手撿起腳邊的木棍，便開始了一輪新遊戲。「一根小木棍，兩根小木棍，三根小木棍……」帶給他們無數快樂的時光。

木棍是大自然隨處可見的東西，毫不起眼，卻是孩子們特別喜歡的天然玩具。在他們眼中，一根小木棍可以帶來無窮無盡的樂趣。知道嗎？寶寶從12個月起，開始喜歡觀看物體下落，這時帶他做一些拋丟遊戲，會讓他認識到物體運動的特點，鍛鍊寶寶的觀察能力。如果能夠讓寶寶親手丟一些小木棍，看著它們落到水面上，還能鍛鍊他的抓握能力，這是多麼有趣的事情哦！

一、開心玩遊戲

七彩的冰棒棍（6個月～3歲）

把冰棒棍洗乾淨塗上各種鮮豔的顏色，染料一定保證是環保的、無毒的。

1、六個月的寶寶已經對色彩有了概念，這些色彩鮮麗的棍棒會吸引他的注意力。當你把五顏六色的棍棒放在他面前時，他會高興的手舞足蹈，用小手亂抓，雖然他還沒有能力抓住一根棍棒。但是這些棍棒足以讓寶寶高興好長時間。

2、把這些好看的棍棒從高一點的地方丟下來，寶寶的目光會跟隨棍棒而移動，可以使寶寶形成運動的概念。

3、一歲左右的寶寶已經能分辨顏色，當媽媽反覆拿出一根紅色的棍棒，告訴寶寶這是紅色的，然後把這根棍棒和其他顏色的放在一起，讓寶寶去找出紅色的，寶寶很快就會找到。經常做這個遊戲，寶寶慢慢地就會認識很多種顏色，妳讓他拿出任何一種顏色的棍棒，寶寶都能找出來。

4、當寶寶有了數字的概念，我們就可以充分的利用這些色彩鮮豔的棍棒了。學數數對寶寶來說枯燥乏味，但是這些棍棒，寶寶卻是愛不釋手。父母可以把這些棍棒按照不同的顏色分出來，讓寶寶數數紅色的有多少，綠色的有多少，讓寶寶把紅色和綠色的放在一起數數有多少……經常做這個遊戲，那些看起來很難的加減法，寶寶卻在輕鬆愉快的玩樂中學會了。

5、兩歲左右的寶寶就可以玩一些簡單的拼圖遊戲了。父母把冰棒棍上下左右都排齊，在上面繪製一些色彩豔麗的簡單圖案，然後把冰棒棍打亂，讓寶寶重新將圖案拼起來。父母一定要參與寶寶的遊戲，在寶寶無法確定下一步應該是哪個圖案時，即時提示寶寶。寶寶的第一次一定是成功的，否則寶寶會知難而退，下一次不再玩這個遊戲了。

孫悟空的金箍棒（3～6歲）

孫悟空陪唐三藏西天取經，一路斬妖除魔，就是因為他有個神奇的武器——金箍棒。當你告訴寶寶玩金箍棒的遊戲時，寶寶通常都特別興奮。

1、為寶寶特製一個布棒棒，這樣沒有危險。製作很簡單（用白布做一個細細長長的筒，裡面塞滿棉花，棉花裡包一根粗一點的鐵絲，鐵絲要用棉花包住，特別是兩頭。棒棒做好後塗上金箍棒的顏色，是不是很像啊）。

2、放《西遊記》的主題曲，問寶寶：「有了金箍棒，你想學什麼本領呢？」

3、「孫悟空跳上雲端，一個跟斗就是十萬八千里，那我們先學他跳的本領。」把棍棒的兩端墊起來，大概高十公分左右，然後讓寶寶跨過去，如果寶寶沒有碰掉棍棒，要鼓勵鼓勵寶

寶：「寶貝，你太棒了！」接著讓寶寶雙腳跳過去，如果也能順利完成就繼續增加難度；讓寶寶倒著跳回來，接著玩的話就慢慢加高棍棒的高度。經常做這個遊戲，有助於增強寶寶的彈跳能力。

4、「孫悟空上天入地，那我們就學他入地的本領。」把棍棒的兩端墊高，高度到寶寶的肩膀。先讓寶寶從棍棒下爬過去，衣服不能碰到棍棒，如果寶寶能完成，接著讓寶寶蹲著從棍棒下鑽過去，不能碰掉棍棒，如果寶寶也能做到，就慢慢降低棍棒的高度，這樣可以鍛鍊寶寶身體的靈活性。

也可以把棍棒夾在兩腿間當馬騎，拿在手裡當槍玩……

激動人心的「挑」棍棒（6～10歲）

據說，北京奧運場館鳥巢的創作靈感就是來自於這個民間遊戲。這個在20世紀70年代風靡一時的遊戲，絕對是值得現代寶寶一玩的。

1、父母可以將廢舊的竹筷削細拋光，不要太長，10～13公分即可，數量要很多，最起碼寶寶要抓滿手，少了玩起來沒有意思。

2、邀請幾個要好的小朋友來家中玩，大家先「剪刀、石頭、布」選出一個負責撒棍棒的人，這個人必須辦事公平。

3、小朋友們席地而坐，負責撒棍棒的小朋友把一大把棍棒舉到一定的高度（通常離地不能太高，10公分左右，太高了會撒得很散）鬆開手，棍棒橫七豎八地落了一地。

4、激動人心的時候開始了，第一個玩的小朋友趴下身子，看著這錯綜複雜的一大堆棍棒不知從何處下手，左瞧瞧右看看，最後小心翼翼地從中取出第一根棍棒（不能觸動其他的棍棒，如果動了其他的就輸了，換其他的小朋友接著挑）。

5、接著利用這根棍棒挑出其他的，這時場上的氣氛緊張起來，「聽我的，挑這一根，挑這一根！」「不行，那根千萬不能動！」圍觀的小朋友不斷地進行指揮、起鬨，甚至爭吵，而玩家也緊張得手直發抖。這個遊戲需要很大的耐心，還有許多的技巧，可以挑、壓、撬、撥，全靠手上的感覺和力度。而且好不好挑，撒棍棒也很重要，撒的不好常常會讓你覺得無處下手。棍棒越挑越少，結構也稀疏了，就容易多了。全部拿完了，誰贏得的棍棒最多誰就是獲勝者，然後大家把棍棒合在一起，重新開始新一輪遊戲。

6、這個遊戲需要寶寶有耐心和良好的觀察力，能判斷出這一堆錯綜複雜的棍棒之間的關係，那要靜動結合。靜的時候，眼睛一眨也不眨，摒住呼吸；動的時候，快如閃電。要是能把這堆結構複雜的棍棒全部解開，寶寶會特別有成就感。

小小的棍棒遊戲，竟然蘊藏著如此多的奧秘，真是讓人不可思議。其實，對寶寶來說，最簡單的東西是最好玩的，這也是小小的棍棒歷經千百年一直為孩子們所喜愛的原因。

二、愛心爸媽的行動指南

＊寶寶玩棍棒時父母一定注意，不要讓棍棒扎到寶寶，特別是五官。

＊父母可以給年齡小的寶寶玩紙棒或布棒。

＊棍棒必須是衛生的、環保的。

三、這樣的遊戲千萬不要錯過噢！

1、色彩鮮豔的棍棒，刺激寶寶的視覺神經，促進了寶寶視覺能力的發展。

2、透過小棍棒的拼圖遊戲，鍛鍊了寶寶的動手能力和觀察力。

3、透過玩布棒的跳和鑽遊戲，使寶寶的全身肌肉得到了運動，提高了動作協調性，增加了平衡能力和彈跳能力。

4、在集體遊戲中，鍛鍊了寶寶的合作精神，促進了寶寶人際關係的發展。

5、在棍棒的許多遊戲中，既開發了寶寶的智力，還鍛鍊了觀察力和判斷力，培養了寶寶的耐心和定力，還有不怕困難的精神。

6、很難得的是寶寶接觸到了結構力學的知識，這是很多遊戲不具備的。

7、透過玩棍棒，寶寶有了環保意識，會在外面隨手撿起別人丟棄的冰棒棍。

遊戲6

吹泡泡

清早，花草樹木都從睡夢中醒來。一顆顆小露珠在葉子上像調皮的孩子蹦來蹦去。窗外傳來一陣悅耳的歌聲「月亮是太陽吹出的泡泡，露珠是小草吹出的泡泡，花兒是葉子吹出的泡泡，寶寶是媽媽吹出的泡泡，吹呀吹，吹泡泡，我吹的泡泡是一首首歌謠，吹呀吹，吹泡泡，我吹的泡泡是一串串歡笑」。一群花枝招展的小女孩在草坪上吹泡泡，陽光下，一個個色彩斑斕的泡泡飛向天空，孩子們唱著、笑著、跳著、鬧著，跑著去抓空中的泡泡，雖然一個也沒有抓到，但是她們仍然開心的笑著。陽光下的泡泡真是好看，瞇起眼睛仔細地看著，這些泡泡有的像氣球又大又圓；有的像彩球五顏六色；有的很小很小，一個接著一個像一串串珍珠，真是漂亮極了。一陣微風吹來，脆弱的泡泡在空中變得奇形怪狀。快看！一個海星出來了，一個小狗出來了……一個泡泡向你飄來，當你熱情地伸手去迎接它的到來，可是它剛碰到你的手就破了。它的生命力雖然是那麼的脆弱，但它卻把最美好的一面留給了我們！

吹泡泡的樂趣不僅在於創造一個個美好的嚮往，更在於追求那些嚮往的過程。看著一個個泡泡從無到有，從有到無，然後開始新的追求，真是奇妙無窮！

一、開心玩遊戲

用唾液吹泡泡（3～7個月）

1、寶寶三個月了，整天撅起小嘴嘟嘟地吹，吹得一圈一圈的，有些小泡泡就黏在嘴唇上，還越吹越高興，手舞足蹈的，弄得滿下巴都是口水。可是有些寶寶就不會吹，這就需要細心的父母去教寶寶了。

2、媽媽把寶寶抱起來，親親寶寶，吸引寶寶的注意力，讓寶寶看著自己，然後用嘴對著寶寶輕輕吹。寶寶會感覺很神奇，也會去學，開始可能只是吐出一些唾液，慢慢的就會吹成泡泡了。

滿屋的泡泡（1歲以上）

把寶寶放在一個大的房間中，讓他任意爬行。

1、爸爸先用細管快速吹出好多小泡泡，色彩斑斕的泡泡飄浮在寶寶的周圍，紅的、藍的、紫的……簡直像一個五彩的童話世界。泡泡的形狀也千奇百怪，有的像一串串葡萄，有的像水晶球，還有的像一顆顆晶瑩剔透的鑽石。寶寶興奮地爬來爬去，追著飛舞的泡泡。

2、爸爸用粗一點的管子吹出大泡泡，媽媽和寶寶用嘴吹，用扇子搧，把多采多姿的大泡泡送上高高的天空。父母和寶寶一起欣賞泡泡自由自在飛在空中的美麗瞬間。在一次次的成功與失敗中，指導寶寶掌握泡泡飛起來的技巧。

3、爸爸把地面弄濕，先用粗管對著地面吹大泡泡。讓寶寶趴在地上仔細看，是不是一個個大泡泡就像一個小房子，每個小房子裡都有一個寶寶。寶寶會高興地去抓泡泡，因為他想和裡面的小朋友玩。泡泡被抓破了，但是寶寶的希望沒有破滅，他會繼續去抓另外一個。爸爸還可以用細管吹出許多小泡泡，泡泡們你擠我碰堆在一起，像埃及的金字塔。媽媽還可以把手弄濕，讓泡泡停留在手上，這會讓寶寶驚奇不已。

4、把細管放在寶寶手中，教寶寶照爸爸的樣子做，學習吹泡泡。剛開始會很難吹出泡泡，為了不讓寶寶感到失望，可以教他在空中舞動吸管來製造泡泡。經常玩這樣的遊戲，寶寶會特別喜歡，自己慢慢就學會吹了。

和泡泡捉迷藏（2～4歲）

選一個比較涼爽的天氣，帶著寶寶到大自然中和小朋友一起玩吹泡泡的遊戲。

1、讓寶寶們自己嘗試著吹泡泡。剛開始可能不會吹，吹不出泡泡。告訴寶寶：「看看別的小朋友怎麼吹的，不要洩氣，慢慢學，一定能吹出美麗的大泡泡！」

2、讓會吹的小朋友解說他是如何吹出泡泡的。

3、小朋友們一起吹泡泡，比一比看誰吹的泡泡大，看誰吹得泡泡多。看看在陽光下泡泡都有什麼顏色，風兒吹來泡泡變成了什麼形狀。陽光下，一個個泡泡絢麗多彩，赤、橙、黃、綠、青、藍……風兒吹來，千變萬化，有的像朵朵白雲，有的像閃閃的星星。

4、鼓勵寶寶吹個大泡泡當照相機，透過這個變化多端的「照相機」來觀察周圍的一切。泡泡上映著湛藍的天，淡淡的雲，高高的樓房，鮮豔的花朵，綠油油的大地，還映著寶寶們一張張純真可愛的笑臉。

5、無數的小泡泡在空中快樂的跳著舞，有的似乎跳累了，任憑風兒把它飄向遠方。寶寶們互相追逐著、嬉鬧著，追趕著漫天飛舞的泡泡。泡泡很調皮，一會兒飄到這兒，一會兒又飄到那兒，和寶寶玩起了捉迷藏的遊戲。寶寶眼看抓到了一個美麗的泡泡，可是把手放到眼前才發現根本沒有，泡泡到哪裡去了呢？我明明捉到它了啊！這時父母要告訴寶寶：「泡泡是用來看的，它看起來很美，但是不要去抓，泡泡一旦被抓住就永遠消失了。」

揭開泡泡的秘密（4～10歲）

1、給寶寶準備各種吹泡泡的工具：

①不同管口的吸管，有細吸管、粗吸管、多孔吸管。

②圓型、方形、三角形、五角星的吹泡泡工具。
③不同的原料做出的泡泡溶液。

2、用不同管口的吸管去吹泡泡，看看吹出的泡泡有什麼不同。粗管因為管子的孔眼大，吹出的泡泡就大，細管孔眼小吹出的泡泡就小。寶寶透過自己親自去體驗，知道了為什麼有人吹的泡泡大，有人吹的泡泡小。多孔的吸管更神奇，能吹出一串串的泡泡，有的像一串串葡萄，有的像一串串珍珠項鍊……真是漂亮極了！

3、不同的吹泡泡工具，引起了寶寶極大的好奇心，他分別用不同形狀的吹泡泡工具來吹，仔細觀察後發現，無論是圓型、方形、三角形、五角星的，吹出的泡泡都是圓的。但是那些形態各異的泡泡是怎麼吹出來的呢？寶寶用嘴或扇子輕輕地吹那些飛行的泡泡。哦！像變魔術一樣，泡泡變成了各式各樣的形狀，有的像小動物，有的像小房子……原來是風讓泡泡變了形狀。

4、一瓶瓶的泡泡水引起了寶寶的注意，他不明白要那麼多瓶瓶罐罐做什麼。強烈的好奇心讓他逐一去嘗試。奇蹟出現了！有的根本吹不出泡泡，有的能吹很多，有的能吹很大，有的吹出來就破了，有的吹出來絢麗多彩……寶寶明白了，原來每個瓶中的泡泡水所用的原料都是不一樣的。

教你一些製作泡泡水的小竅門：

①把帶有淡淡清香的肥皂切成薄薄的碎片，放在杯子中倒入熱水慢慢融化。一杯放2份肥

皂6份水。

②往杯子中加入一小包茶包，蓋上杯子放一夜。

③加一小勺白砂糖，這樣吹出的泡泡不容易破，而且壽命長。

④加兩滴藍墨水可以增加泡泡的色彩效果。

如果你想有特殊的效果，還可以添加其他的東西。如：想吹出的泡泡特別多，可以加1份膠水；想讓吹出的泡泡特別大，可以加兩滴甘油；為了泡泡更加絢麗多彩，可以用帶珠光的洗髮精，或洗手乳。

二、愛心爸媽的行動指南

*給寶寶脖子圍上柔軟的紗布，經常吹泡泡寶寶會把口水流到脖子上，容易得濕疹。

*如果寶寶不光是吹泡泡，還哭鬧，就有可能是寶寶得了口腔疾病，一定要去看醫生。

*注意不要讓寶寶喝下或嘴上黏有吹泡泡的溶液。

*寶寶在地下爬行時，要注意安全。

*父母可以用泡泡槍和寶寶玩，讓寶寶直接追泡泡和抓泡泡。

*注意不要讓吹泡泡的管子扎了寶寶的口腔。

*讓寶寶仔細觀察，父母要進行引導，必要時提示一下，提高寶寶玩遊戲的積極性。

三、這樣的遊戲千萬不要錯過噢！

1、經常吹泡泡有助於提高寶寶的語言能力，特別是2歲以下的嬰幼兒。因為這是寶寶學習語言的黃金時間，是寶寶一生中學習新詞最快的階段。資料顯示，會吹泡泡的寶寶比不會吹泡泡的寶寶，學習語言的速度快，發音也更清晰。

2、寶寶可以學到因果關係，知道是因為爸爸吹吸管，才有的這些美麗的泡泡；知道有風泡泡才會飛上高高的天空。

3、透過遊戲激發寶寶去探險，寶寶愉快地爬行，滿屋子抓泡泡，全身肌肉都得到了鍛鍊。

4、吹泡泡可以增強寶寶的肺活量，同時還強化寶寶的口唇協調能力，使寶寶學習語言的能力有所提升。

5、透過遊戲培養了寶寶的觀察能力，促使寶寶有了做事認真的態度。增加了寶寶豐富的想像力和表達能力。而且寶寶的手眼協調能力也有所提高。

6、透過瞭解泡泡溶液，寶寶非常好奇，親自進行科學實踐，引發了對知識的探究，探索慾望被大大激發出來。

7、透過遊戲，寶寶意識到科學活動是離不開實踐和思考的。

8、在遊戲中親子互動，增進了感情交流。

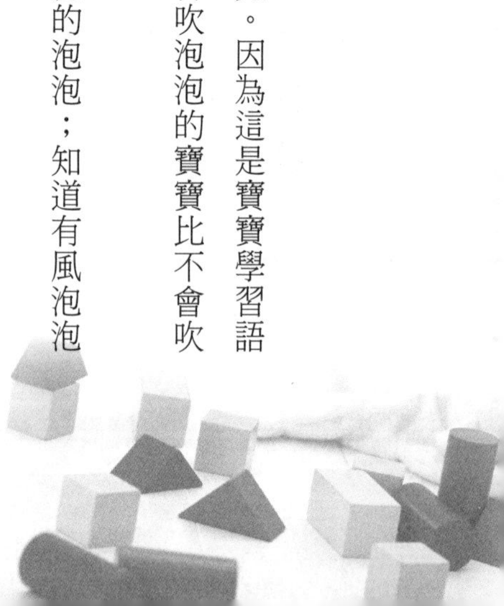

遊戲7

扮家家

孩子們歡呼著聚在一起玩「扮家家娶新娘」遊戲，透過抽籤，選出了「新郎」和「新娘」。孩子們分成兩組，一邊是「新娘」的娘家人，一邊是「新郎」的家人，兩組孩子拉開一段距離。嫁娶儀式正式開始，「新郎」帶著人敲鑼打鼓抬著轎子來娶「新娘」了，「新娘」頭上蓋著好看的紗巾，後面跟著兩個要好的女孩當伴娘。「新娘」坐在由兩個男孩用手臂組成的「轎子」上，幸福地看著自己的「新郎」。吹鼓手們在前面「咚咚」、「噹噹」地開道，還有嗩吶吹出的「嗚哩哇啦」聲，小朋友們模仿得真像！到了「新郎」家，轎子停下，「新郎」和「新娘」並排站好，婚禮主持者高聲喊：「一拜天地，二拜高堂，夫妻對拜，送入洞房。」在一片歡聲笑語中，一對新人按照中國的傳統禮節一一拜過，「新娘」被孩子們簇擁著送入「新房」。當然「新房」是孩子們虛構的。遊戲結束了，孩子們意猶未盡，又開始了新一輪遊戲。

就是這樣一個簡單而又花樣繁多的遊戲，快樂了我們幾代人。不同的年齡，不同的時間，不同的地點，不同的人物，玩出的感受都不一樣。就像一個魔術方塊，向不同方向旋轉，所看到的畫面是不一樣的。它滿足了一個孩子對未來生活的渴望，在遊戲的世界裡他們都是主宰者，可以隨心所欲地去設計自己的職業、性格、人生經歷，以及最後美好的結局。就算哪裡有什麼不滿意，明天還可以重新再玩哦！

一、開心玩遊戲

我會打電話了（1～2歲）

寶寶一歲了，咿咿呀呀地說著別人聽不懂的語言，還喜歡模仿爸爸、媽媽打電話。這個時期是寶寶學習語言的黃金時間，父母們千萬別錯過這個絕佳的機會哦！

1、把玩具電話放寶寶手中，媽媽也拿一個，然後扮成不同的角色（爸爸、媽媽、爺爺、奶奶，或者是小狗等等）和寶寶聊天，「喂，是寶寶嗎？我是媽媽。你好嗎？」妳會發現，寶寶也把電話舉在耳朵附近，歪著小腦袋，嘴裡咿哩哇啦地說著。一招一式儼然是個小大人，神情稚嫩可愛，使人忍俊不禁。

2、只要妳好好配合他，寶寶還有表演「話劇」的天賦，他不需要任何道具，劇中場景全憑手指和肢體動作，比如，倒水、買東西、吃蘋果等等。一邊自編自演一邊獨白：「給媽媽削個蘋果。」一小手做著削蘋果的動作，然後把小手捧起來，就像舉著一個大蘋果，輕輕地放在媽媽手中。寶寶表演的唯妙唯肖，會給妳帶來意想不到的驚喜。

給你做頓飯吧！（2～4歲）

模仿做飯，使寶寶進入媽媽的角色，體會媽媽的辛苦。

1、媽媽做飯時可以讓寶寶在旁邊觀看，學習怎樣挑菜、洗菜、切菜、炒菜。讓寶寶熟悉做飯的整個過程，也可以讓寶寶參與挑菜，告訴寶寶哪些菜是去了皮吃的，哪些是吃葉的，哪些是吃莖的……

2、拿出玩具廚房用品，和寶寶一起玩做飯的遊戲。告訴寶寶：「你今天是媽媽，媽媽是你的寶寶，你給寶寶做什麼好吃的呢？」寶寶通常都會很高興，會說出許多他平時愛吃的菜名。

3、給寶寶一些青菜，讓寶寶隨意的用他的玩具模仿切菜、炒菜。媽媽做旁觀者，不要干涉孩子怎樣去做。

4、在遊戲的過程中媽媽可以不斷的提醒寶寶：「這個菜要怎麼切呢？炒菜先放什麼啊？」如果寶寶不知道怎麼做，可以提示寶寶：「想一下媽媽平時是怎麼做的。」也可以做示範教寶寶，先向鍋裡倒一些油，然後倒菜，還要放一點鹽，用勺子炒一炒……

5、飯做好了，寶寶很高興地送給妳吃，媽媽要裝作吃的很香的樣子。然後鼓勵一下寶寶，可以提高玩遊戲的積極性。

6、適當給寶寶提出一些建議：「寶寶做的飯真香，就是太鹹了，你說怎麼辦呢？這個白菜切

絲要比切塊炒出來更好吃。」還要給寶寶留下一些問題，讓寶寶找到解決的方法。

父母還可以和寶寶一起玩「小老師」、「小醫生」、「小導遊」、「小交警」等遊戲，讓寶寶扮演不同的社會角色。如果邀請其他小朋友一起參加，效果會更好。在遊戲的過程中寶寶們由於角色不同，經常發生爭執，父母不要太多干涉。寶寶們會用更多的語言進行交流，進行協商，自己解決問題。

我也有小寶寶了（4～6歲）

寶寶長大了，父母如果方便，可以為寶寶單獨準備一間小房子，做為寶寶自己的家。還要準備一些遊戲中的生活用品，如小桌子、小椅子、小櫃子、小電話、小餐具等等，寶寶會親手把房子佈置的漂漂亮亮。這個年齡的孩子更喜歡和小朋友們一起玩，父母一定要積極配合，隨時給寶寶準備必要的工具。

1、兩、三個孩子聚在一起，男孩當爸爸，女孩當媽媽，年齡比較小的充當兩人的孩子，如果沒有人願意當孩子，就用布娃娃來充當。

2、一天的生活開始了，早晨起來，當爸爸的男孩要去上班，當媽媽的女孩要在家哄孩子，給孩子餵奶，還要收拾房間做家事。

3、男孩提著包包出去走一圈表示去上班了，然後重新回到屋中，表示到了中午，下班回來，該吃飯了。「媽媽」看到「爸爸」的回來了，忙把孩子請「爸爸」照顧，去廚房做飯（父母要為寶寶準備好玩具廚房用品），「媽媽」洗菜、炒菜、淘米煮飯，儼然是個小家庭主婦。當然這些都是模仿她媽媽的樣子，把一些碎紙片或其他什麼東西，倒進玩具鍋中，象徵性地炒幾下，然後倒進盤子裡。

4、飯做好了，「媽媽」把菜擺在桌上，招呼一家人吃飯。這時「媽媽」要接過孩子，一邊吃飯，一邊哄孩子。並且還夾雜一些語言和動作，簡直就是她媽媽哄她的翻版。

5、天黑了，要哄孩子睡覺了。「媽媽」給孩子鋪了一個柔軟的墊子當床，然後給孩子枕上她的小枕頭。怕孩子冷，又給孩子找了毛巾當被子蓋上，怕毛巾蓋上孩子的嘴不能呼吸，細心地把毛巾折起來放在孩子的嘴下面。最後自己躺在孩子的旁邊，輕輕的拍著孩子，嘴裡還輕輕哼著歌。

寶寶們還喜歡玩結婚的遊戲，女孩子會翻出媽媽的紗巾當婚紗，把自己打扮成世界上最漂亮的新娘，和新郎有模有樣地「結婚」，玩得不亦樂乎。這樣的遊戲寶寶會反覆去玩，每一次都會增加一些新的內容，每一次都有新的驚喜、新的收穫。

二、愛心爸媽的行動指南

＊父母要經常帶寶寶到外面去開闊視野，提供寶寶觀察社會的機會，增加寶寶的想像力和模仿力。

＊在遊戲的過程中，父母不要偷偷地笑，這樣寶寶會認為父母在嘲笑他，進而終止遊戲。

＊只要有時間父母就要積極地參與其中，來維持寶寶的表演熱情，當好寶寶的第一觀眾。

＊為寶寶準備玩遊戲的工具，無論寶寶把家裡弄得多麼亂，都不要表現出煩躁的情緒，但要告訴寶寶玩完遊戲後怎樣去整理房間。

＊即時給寶寶鼓勵，提高寶寶玩遊戲的積極性。

＊在寶寶玩不下去的時候，父母即時提示寶寶：「想想別人怎麼做的。」必要時給寶寶簡單示範一下。

＊遊戲沒有什麼具體的規則，父母不要過多干涉，甚至用強硬的方式來「糾正」寶寶，讓寶寶展開豐富的想像力，自由發揮，盡情地去自編自演。

＊有些父母看到寶寶玩結婚、生孩子的遊戲憂心忡忡，總感覺寶寶是不是有些「早熟」。當看到寶寶在遊戲時相互擁抱、親吻，就認為是不良的行為。其實，他們這樣做只是模仿大人，相互表達一些喜愛之情，只是一種正常的心理需求而已。父母不要強行禁止，更不要打罵孩子。可以適當告訴寶寶：「小妹妹是不是很可愛哦？你要是喜歡她就送她

一個玩具吧！」

三、這樣的遊戲千萬不要錯過噢！

1、在遊戲的過程中寶寶認識了家庭生活中的各種用品，瞭解它們的名稱和用途。

2、在不斷地自說自話中，豐富了寶寶的辭彙，提高了口語表達能力和表演技能。

3、這是個創造性的遊戲，寶寶在表演、編排節目的過程中不斷進行創新，進而提高了想像力和散發思維的能力。

4、在扮演不同的家庭成員角色中，寶寶學會了家人表達情緒的各種方式，提高了溝通的能力，有利於自信心和責任感的培養。

5、寶寶在模仿媽媽做飯中，體會到了媽媽的辛苦，學會了基本的生活技能。

6、在和其他孩子遊戲的過程中，寶寶逐漸學會與人和平共處，增長了與人交往的經驗，培養了合作精神。現代家庭中大多是獨生子女，在家嬌生慣養，獨佔一切玩具。在遊戲時，為了討好寶寶，家長一味地遷就、溺愛，特別是爺爺奶奶。所以很多寶寶不會體諒、寬容別人。和小朋友一起遊戲時，一不能獨佔玩具，二要聽從指揮，三要體諒、寬容別人，否則會被拒絕加入。寶寶們都害怕別人不和自己玩，處處察言觀色，使自己符合大家的要求，這種教育在家庭中是很難做到的。

7、在玩的過程中，寶寶展開自己豐富的想像力和模仿力，把父母平時生活中點點滴滴的情景，發揮運用到自己的遊戲中，使自己的觀察力、想像力和記憶力得到很大的提高。

8、透過觀察寶寶在遊戲中的表現，可以即時發現寶寶的一些不良行為並即時進行糾正。

9、寶寶是父母的一面鏡子，透過寶寶的遊戲，父母可以發現自己的缺點和不足，即時改正自己的言行舉止。

10、透過扮演不同的人物角色，模仿現實生活中的不同場景，讓寶寶嘗試到當大人的那種威嚴，對寶寶的社會化，起了一定的作用。透過對話、想像和創作的過程，激發了寶寶的想像力，得到了心理滿足。

11、在寶寶們模仿的「家庭生活」中，除了幸福就是快樂，沒有半點的艱辛和勞累。這可能源自寶寶對未來生活的美好憧憬和嚮往。這些美好的東西在他長大後往往被殘酷的現實所擊碎。透過童年的遊戲，寶寶長大後，就能學會適應理想與現實的巨大差距。

12、寶寶從小培養家庭觀念，長大成人後，必然會對家庭產生親切感和責任感，為維持好婚姻家庭，打下良好的感情基礎和心理學基礎。

遊戲8

種植花草、蔬菜

從前有個叫罔與勿的人，自以為是，整天不懂裝懂，認為自己上知天文，下知地理，把一切事情都不放在眼裡。

有一天，他靈機一動想種穀子，就去向鄰居家要了一些穀種種到了田裡。過了一段時間他到田間一看，他的穀子綠油油的，比鄰家的都好，心裡高興極了。他自以為從此就可以高枕無憂的在家等著，到了秋天穀子就大豐收了。

過了一段時間，他又喜孜孜地去看他的穀子，到田間一看，穀子是綠油油的，可是野草也不少，比穀子還高。他隨手拔了幾根野草，可是太陽光太毒了，他嫌太熱就回家了。第二天，他戴了草帽又去拔草，可是拔了一會兒，他又嫌手疼回家了。第三天他把手用布包上又來拔草，剛拔了不久，他抬頭一看，老天！那麼大一塊田什麼時候能拔完啊？他搖搖頭，又回家了。就這樣過了幾天，當他再次來到田地時，野草已經把穀苗嚴嚴實實蓋住了，穀苗得不到陽光和養分，越來越細小，越來越枯黃。這下可把他氣壞了，心想：「我還鬥不過小小的野草，看我怎麼收拾它。」於是，回家拿來鐮刀，不管三七二十一，把田地裡的東西全割倒了。田地光禿禿的，野草是沒有了，但是穀苗也沒有了。

到了秋天，家家戶戶都興高采烈地收穀子，慶賀豐收，可是他卻顆粒無收。罔與勿沒有好好地反省自己，卻氣勢洶洶地去責問給他穀種的鄰居：「你給我的是什麼種子？我費了那麼大勁，穀子全死了，害得我顆粒無收，你要餓死我啊？」鄰居告訴他說：「莊稼是靠人種的，你要細心管理，該澆水時就要澆水，該施肥時就要施肥，有草就要鋤草，哪能像你鋤草連莊稼一

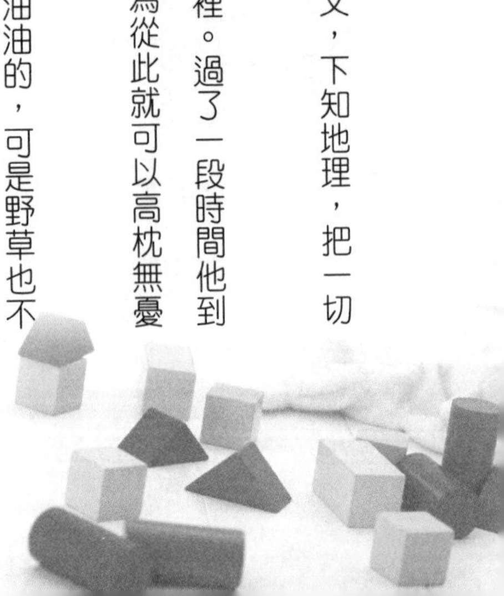

起鋤掉的？這樣種穀子，再好的種子你也豐收不了。」

如果想體驗勞動的快樂，理解「粒粒皆辛苦」的真正含意。孩子們不妨親手種植花草、蔬菜，透過探索和發現，感受大自然的神奇和美麗。

一、開心玩遊戲

種子寶寶好奇地伸出了小手（2～3歲）

春天是種植的大好時節，寶寶可以親自體驗種植的快樂，發現自然界的神奇。

1、為寶寶準備一些太陽花的種子、兩個透明的杯子。

2、媽媽把一些太陽花的種子分別放在兩個杯子中，向其中的一個杯子倒一些水（不要太多，不能把種子全部淹沒，那樣種子就接觸不到空氣腐爛掉了）。然後告訴寶寶：「寶貝，媽媽已經把太陽花的種子寶寶種上了，你要細心觀察，看看這兩個種子寶寶會發生什麼變化。」

3、有一天寶寶會驚喜的告訴妳：「媽媽快來看，在有水的杯子中，太陽花寶寶伸出了小手。」（寶寶很具體的把太陽花的芽說成小手）同時他還會很疑惑地問妳：「為什麼另外一個沒有小手呢？」這時候，寶寶已經發現了問題，而且動腦去想了。媽媽要很高興地鼓勵寶寶：「寶貝，你真棒！好好觀察一下兩個杯子有什麼不同，然後告訴媽媽為什麼。」「原來另一個杯子沒有水！」寶寶會為自己的發現興奮不已：「我知道了！我知道了！因為沒有水太陽花寶寶才沒有伸出小手來。」

4、媽媽把新的太陽花種子又分別放在杯子中，都放上了水，把其中一個杯子用蓋子蓋上，告訴寶寶：「媽媽給太陽花寶寶都澆水了。」可是幾天以後寶寶會焦急地告訴妳：「媽媽，媽媽，一個太陽花寶寶伸出了小手，可是另外一個又沒有小手，它是不是很懶，怎麼辦啊？」媽媽提示寶寶重新觀察，看看杯子有什麼不同。寶寶看到了另外的杯子被蓋住了，可是他還是不明白為什麼。媽媽接著提示：「杯子被蓋住了，會有什麼後果呢？是不是裡面沒有空氣了。」寶寶恍然大悟，原來種子發芽只有水是不行的，還要有空氣。

5、透過遊戲寶寶明白了種子發芽的必備條件：空氣和水。

吃到自己種的黃瓜了（6～10歲）

「一年之計在於春」，春回大地萬物復甦，我們和寶寶一起去感受春天的氣息，為大地妝扮一片新綠。

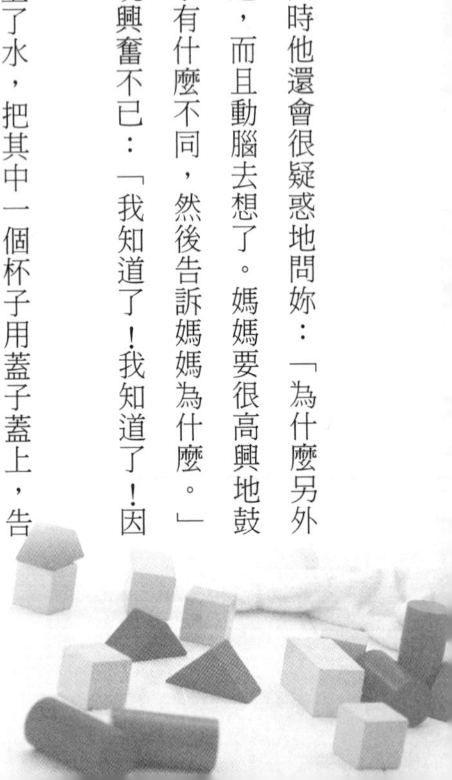

1、寶寶可以單獨種植植物了，環境許可的話，在花園裡為寶寶開闢出一塊地，做為寶寶的種植園。10歲之前的寶寶，一平方公尺就足夠了。父母可以明確地告訴寶寶這塊地由他自由支配。如果不行，給寶寶準備幾個花盆，放在陽臺或窗臺上。

2、有了種植的地方，還要為寶寶收集種植方面的資料，這個活動要和寶寶一起進行。例如，帶寶寶去農貿市場，透過觀察，寶寶的問題就會像雨後春筍般冒出來：「這些菜是哪裡來的？是樹上結的還是田裡種的？是從哪裡運來的？」還要去參觀農夫伯伯的種植基地，透過觀看農夫伯伯的勞動，聽農夫伯伯的介紹，從中學到蔬菜生長的重要步驟：挖坑—播種—填土—澆水—除草。

3、為寶寶準備要種植的種子，選種很重要（因為寶寶第一次種植，特別怕失敗，所以一定要確保他第一次種植的成功，而且要碩果纍纍），要選擇一些好種易活、生長迅速的植物。比如豌豆、南瓜、番茄、黃瓜等。還要為寶寶準備種植用的小鏟子、小水桶等工具。

4、準備工作完成，帶領寶寶一起種黃瓜。

①挖坑：這可是寶寶喜歡做的遊戲，寶寶拿著小鏟子到處亂挖一通，媽媽要告訴寶寶：「這個坑關係到種子會不會發芽，將來會不會生長旺盛。所以坑挖的深淺，坑與坑之間的距離都是有要求的。」媽媽先示範一下，然後讓寶寶跟著學。

②播種：坑挖好了，媽媽問寶寶下一步要做什麼，進而加深寶寶對整個種植過程的印象。要播種了，在播種前媽媽要讓寶寶仔細觀察，看看黃瓜種子是什麼形狀和顏色的，教導

寶寶把種子放在坑裡，不要放太多，3、4粒種子就可以。

③填土：放進種子，讓寶寶給種子「蓋被子」。媽媽要提示寶寶，土不能填的太多或太少。種子種的太深，上面的土壓的太死，種子都不容易發芽，因為缺少空氣。

④澆水：種子播種好了，填上土，最後就是澆水。寶寶用小水桶給黃瓜澆了足夠的水。黃瓜種植完了，媽媽要提醒寶寶，收拾整理種植用具。寶寶看著已經種植完的黃瓜田很自豪，好像已經看到了清脆可口的黃瓜。

5、黃瓜種上了，下一步要做的就是等待種子發芽，這個過程是漫長的。寶寶每天都到菜園去看，一天、兩天過去了，絲毫沒有動靜。寶寶終於按耐不住了，翻開土去察看。並不住地問：「媽媽，媽媽，黃瓜為什麼還沒有長出來啊？」父母這個時候一定要提醒寶寶耐下性子等待（因為這個年齡的寶寶雖然對新鮮事物很感興趣，但是他缺少耐性。當他期望的結果久久沒有出現時，興趣也在漸漸減弱，寶寶一旦失去興趣就不再去關心照料蔬菜）。告訴寶寶：「種子寶寶是不是渴了，我們要不要給它餵點水？」重新激發寶寶的興趣，並幫助寶寶制訂一個詳細的澆水計畫。

6、一個星期過去了，黃瓜終於不負眾望，在寶寶望眼欲穿的期待中探出了好奇的小腦袋。

寶寶好像發現了新大陸一樣，高興的又蹦又跳：「媽媽，黃瓜發芽了！」

「真的發芽了，想想看，這些嫩嫩的小芽像什麼呢？」寶寶歪頭想了想：「像一雙捧著東

西的小手，芽寶寶的頭上還戴著帽子！」

為了鼓勵寶寶，媽媽可以做一些小旗幟插在寶寶的菜園中，告訴寶寶這是他成功的第一步。

7、從此寶寶每天第一件事就是看他的菜園，給他的黃瓜澆水，看看瓜苗有幾片葉子了。這時父母要即時提醒寶寶：「要鋤草了，雜草會搶走土地的營養成分；要抓蟲子了，蟲子會吃掉黃瓜的葉子。」鼓勵寶寶仔細觀察瓜苗有什麼變化，然後記下來。父母要經常和寶寶一起去菜園，參與寶寶的除草、捉蟲活動，進而挑動寶寶種菜的積極性。

8、在寶寶的細心照顧下，黃瓜苗茁壯成長。又過去一段時間，瓜苗已經長出了第二層、第三層像芭蕉扇一樣的小葉子，寶寶透過觀察記下了這一成長經過。到了給黃瓜搭架的時候，父母要為寶寶準備一些竹竿和繩子。因為沒有見過黃瓜是怎樣成長的，寶寶不明白為什麼要搭架，父母可以讓寶寶細細觀察一下，看看瓜苗是不是已經有細細的藤兒了，告訴寶寶：「黃瓜的藤要依靠瓜架爬上去，是要在瓜架上生長、開花、結果。」

9、在父母的幫助下，一排整齊的黃瓜架搭好了，瓜苗順著瓜架向上伸展。有一天寶寶拉著媽媽去看他種的黃瓜：「媽媽！媽媽！結黃瓜了！結黃瓜了！」只見綠油油的瓜架上，開了許多鵝黃色的小花，近了，才發現小花下面藏著像小手指一樣細細的黃瓜。

10、寶寶更加細心照顧他的菜園，本子上也密密麻麻地記錄了他種黃瓜的過程和體會。黃瓜終於成熟了，寶寶小心翼翼地摘下黃瓜，看著這些嫩嫩的、佈滿毛絨絨小刺的黃瓜，寶寶會心地笑了。他把第一根黃瓜送給了父母，這也是父母收到的最珍貴的禮物。

二、愛心爸媽的行動指南

*整個的種植過程是漫長的，等待是無奈的，寶寶經常會失去耐性，父母一定要不斷地給寶寶灌輸新奇的想法，不斷激起寶寶的興趣。鼓勵寶寶堅持就會有收穫。

*每個寶寶的心理素質不一樣，不是每個寶寶都能堅持到最後，父母一定不要批評、打擊寶寶，一次不行可以重新再來，種蔬菜不行，可以種寶寶喜歡的花草。

三、這樣的遊戲千萬不要錯過噢！

1、透過種植蔬菜、花草，寶寶對植物有了良好的感性認知，提高了寶寶的動手能力，增加了寶寶的生活經驗。

2、種植活動讓寶寶萌發了探索植物生長的興趣，學會了對周圍事物的關注和細心觀察。

3、在漫長的種植過程中磨練了寶寶的耐性，讓其養成了做事情要堅持到底的習慣。

4、在種植的過程中既滿足了寶寶的種植需要，又讓寶寶在管理的過程中瞭解了蔬菜的習性、生長條件和成長中的變化。獲得豐富的經驗，給寶寶更多表現與展示的機會，使寶寶擁有

成功感，增強自信心，樹立了不怕困難的精神。成功與自信又促進了寶寶的自主發展，使寶寶不斷探索再次取得成功，進而形成一個良性循環。

5、在種植中提高了寶寶的觀察力和耐性，讓寶寶感受到生命成長的獨特魅力，陶冶了情操。

6、透過辛苦勞動，最後得到收穫，讓寶寶體驗到了勞動的艱辛，更加珍惜別人的勞動成果，並感謝父母對自己的養育之恩。

7、透過整個漫長的種植過程，培養了寶寶的責任心和獨立解決問題的能力。

8、整個種植過程給了寶寶瞭解大自然、培養動手能力和激發想像力的機會，使寶寶養成了熱愛勞動的優良素質。

9、種植花草、蔬菜，使寶寶沉浸在種子萌芽、花兒綻放、蜜蜂採蜜、昆蟲傳粉等大自然的神奇之中，並引領寶寶不斷探索大自然的奧秘。

10、當寶寶品嚐到自己親手種植的果實，感覺特別甜，特別香，特別有成就感。

遊戲9

採花瓣、拾樹葉

春天來了，暖暖的春風吹綠了大地，吹開了粉嘟嘟的桃花，小動物們伸著懶腰爬出洞穴，來欣賞這美麗的景色。一陣柔柔的春風吹過，桃花紛紛告別枝頭，下起了粉紅色的花瓣雨。

第一天，小甲殼蟲想去看媽媽，可是被一條緩緩流淌的小河攔住了去路。「我該怎麼過去呢？」小甲殼蟲急得要哭了，牠東張西望了好半天，除了一地的桃花瓣什麼也沒有。忽然，牠眼前一亮，「我可以用花瓣做小船啊！」小甲殼蟲高興極了，牠把花瓣拖到水中，撿了根小樹枝當船槳，划著這飄滿花香的小船渡過了河。

第二天，小蜜蜂路過這裡，天上突然下起了毛毛細雨。牠想：「我沒有帶雨傘，怎麼辦呢？」滿地的桃花瓣讓牠靈機一動：「把美麗的桃花瓣插在樹枝上，不就成一把漂亮的雨傘了嗎？」於是，牠就做了把雨傘撐著飛走了。

第三天，小螞蟻出來了，看著滿地的桃花瓣高興極了，牠撿了一片美麗的花瓣，在家門口搭了一個漂亮的小涼亭，悠然自得地躺在裡面看書、睡覺、曬太陽。

第四天，小白兔蹦蹦跳跳的來了，看到這美麗的花瓣，撿啊撿啊，撿了許多，做成花環送給牠的好朋友。

第五天，小蝴蝶飛來了，牠撿了一片又一片的花瓣放在家中，因為牠想把這些散發著清香的花瓣曬乾裝在枕頭裡，這樣牠就可以留住美麗的春天。

春暖花開，帶著寶寶到野外去採集花瓣，做一個散發著清香的花瓣枕頭吧！讓你的寶寶枕著

花香入睡，在心中萌發愛的種子，擁有一雙智慧的眼睛和一顆飛揚而聰慧的心。

一、開心玩遊戲

漂亮的花環（1～3歲）

藍天、白雲、綠草和滿地星星點點的野花構成了春天，讓我們選一個陽光燦爛的日子，帶著寶寶到田野中和野花玩遊戲吧！

1、讓寶寶在草地上盡情玩耍，自由採集野花、野草。這時，寶寶就像出籠的小鳥，看著遠處一大片野花，情不自禁地快樂跑去。一會兒工夫，手中便採了一大把。媽媽親親寶寶的小臉，誇寶寶真能幹。

2、看到寶寶高興的樣子，媽媽適時地給寶寶提出幾個問題：「寶貝，草地上都有什麼植物呢？」「你採的這些花都是什麼顏色的？」「哪一朵花大，哪一朵花小？」「聞一聞哪一朵最香？」「你要這些花朵做什麼？」寶寶想一想會給妳滿意的答案，他會告訴妳哪一朵最香，還會放到妳鼻子下面讓妳聞聞，告訴妳哪一朵最漂亮，然後戴在妳的頭上。看著媽媽頭上的野花寶寶會拍著小手說：「媽媽真漂亮！」

3、媽媽教寶寶用這些漂亮的野花和野草編花環，然後把這些五彩斑斕的花環戴在手上、脖子上、頭上，比一比哪一個最漂亮。

4、寶寶跑累了，仰頭躺在嫩嫩的草地上，望著藍藍的天空盡情舒展著身心。媽媽可以利用休息的時間讓寶寶把花瓣都摘下來，撒在草地上當床，然後躺在上面慢慢感受春的氣息。哦！多麼美麗而又散發著縷縷清香的床！寶寶愜意地躺在上面，在他幼小的心靈深處，默默長出一個關於春天的夢。

隨風飄舞的樹葉（3～5歲）

秋天是一個充滿詩意的季節，在這個季節中，寶寶最感興趣的是隨風飄舞的樹葉。拾樹葉更是寶寶百玩不厭的遊戲。

1、為寶寶準備一個小籃子，帶寶寶到野外小樹林去玩，讓寶寶拾各式各樣的樹葉放在籃子中。和寶寶比賽看看誰拾得數量多，看誰拾得種類多。

2、秋高氣爽，暖暖的陽光照在寶寶身上，一陣風吹來，五彩繽紛的樹葉像翩翩起舞的蝴蝶飄落下來。寶寶快樂地奔跑著，追逐那些就要落在地上的葉子，一會兒又靜靜地蹲在地上，拾起厚厚落葉中最美麗的一片。

3、把寶寶拾到的落葉倒在地上，讓寶寶觀察樹葉的顏色和形狀，並把相同的葉子放在一起。

寶寶一邊挑選樹葉，一邊自言自語：「這是綠色的，這是黃色的，這是綠中帶黃的……」他還找出一片紅色的樹葉讓妳看：「媽媽！媽媽！這個居然是紅色的，像花朵一樣好看！」當寶寶把各式各樣的樹葉分類放在一起時，媽媽要即時鼓勵寶寶。

4、寶寶還會對樹葉的形狀感興趣，媽媽要提示寶寶用語言具體地表達出來。比如，媽媽拿一片銀杏葉，要求寶寶說出它是什麼形狀的？像什麼？寶寶會告訴妳是扇形的，有的像小扇子，有的像小掃把。楓葉又是什麼形狀？像什麼？這個問題有一定的難度，寶寶要是說不出來，媽媽可以伸開手掌提示一下，寶寶就會明白，哦！像隻小手！但還是不知道是什麼形狀，媽媽要告訴寶寶：「寶貝，記住了，這是龍爪形。」寶寶還會說楊樹葉是圓形的，柳樹葉是長的，松樹葉是細細長長的，像一根針……

給樹葉寶寶找媽媽（5～10歲）

秋風有一些涼了，給寶寶穿得暖和一些，帶他去野外玩遊戲。

1、帶一個小籃子，一個小型錄音機，還有一塊小黑板和雙面膠。

2、在小樹林中找一塊比較平整的地方，把小黑板靠在樹邊，先讓寶寶去撿各種形狀的樹葉，裝在小籃子裡帶回來。媽媽要在小黑板上畫幾棵大樹，然後在每一棵樹上用雙面膠貼上一張帶有樹葉的照片，這就是樹葉的媽媽。

3、寶寶撿了許多大大小小的樹葉，提著小籃子回來了。媽媽為寶寶播放歌曲《秋天》，在輕鬆愉快的氛圍中，遊戲開始了。媽媽：「秋天來了，調皮的樹葉寶寶掙脫了媽媽的懷抱，飄呀飄呀，落到了地上和我們玩遊戲，你喜歡它們嗎？找一個你最喜歡的，告訴媽媽它是什麼顏色的，是什麼形狀的，是哪個樹媽媽的葉寶寶。」寶寶經過比對，會告訴妳什麼顏色，什麼形狀……

4、媽媽：「寶貝，聽，是誰在哭？」然後媽媽指著大樹告訴寶寶：「是樹媽媽在哭，她想她的孩子了，怎麼辦啊？」寶寶會很認真地說：「我們送葉寶寶回家吧！」媽媽要親親寶寶：「真是個有愛心的孩子！」

5、媽媽指著黑板上貼有樹葉照片的大樹問寶寶：「這是哪個樹葉的媽媽啊？籃子裡有她的孩子嗎？如果有就放在樹下面。」寶寶從小籃子裡找出不同形狀的樹葉，仔細和照片上的做比較，放在不同的大樹下面。寶寶做的很細心，媽媽要即時鼓勵寶寶，讓他堅持到最後。

6、寶寶終於完成了這個艱巨的任務，給所有的樹葉找到了媽媽，這時要給寶寶一個熱烈的掌聲。媽媽還要檢查有沒有放錯位置的，如果有，幫寶寶糾正過來，還要讓寶寶找出放錯的原因。樹葉都找到自己的媽媽了，但是還有很多樹葉，寶寶不知道叫什麼名字。媽媽要一一的告訴寶寶，並說出樹葉的名字讓寶寶在眾多的樹葉中找出來。

遊戲結束，要回家了，媽媽可以把這些樹葉帶回家，讓寶寶動手製作標本，也可以讓寶寶用樹葉拼一幅美麗的圖畫掛在牆上。

二、愛心爸媽的行動指南

*無論是初春還是深秋，天氣都還很冷，一定要注意寶寶的保暖問題，因為這些時節都是流感高發期。

*給寶寶穿些寬鬆的衣服，活動起來比較舒服。

*戶外活動要遠離河流和陡峭的山坡，以防寶寶不小心掉下去。

三、這樣的遊戲千萬不要錯過噢！

1、在野外採花瓣、拾樹葉使寶寶感受到了大自然的美麗景色，進而陶冶情操，提高了寶寶的審美意識，還會使寶寶充滿愛心。

2、透過遊戲提高了寶寶的想像力和觀察力，既鍛鍊了身體，又增強了環保意識。

3、讓寶寶在興趣盎然的遊戲中鞏固了有關樹木、樹葉和花草的知識，累積了有關歸類的經驗，提高了比較能力。

4、透過對野花、樹葉的形狀與顏色的比較，感受到了大自然的神奇魅力，加深了對季節特徵的認識。

5、在野外採花瓣、拾樹葉給寶寶帶來了快樂，獲得了知識，為他的人生留下了美好的記憶。

6、大自然是人們獲得聰明才智的泉源，很多成功者都是從大自然的永恆魅力中獲得無數啟迪，最後走向成功。所以要讓寶寶經常去親近大自然。

遊戲10

折紙遊戲

想聽故事嗎？從前啊，有一隻狼好久沒有吃東西了，有一天他悄悄地躲在山坡後面，看著山坡上吃草的羊群口水直流。在野草的掩護下，飢餓的狼慢慢地爬向羊群，還沒等他靠近，三隻牧羊犬就大吼著撲了過來。狼見勢不妙，只好轉身逃跑。

他跑啊跑啊，一口氣跑出好遠，「狼大哥！狼大哥！你跑什麼啊？」狼慌慌張張地停下來，原來是一隻狐狸在叫他。

狼氣急敗壞地說：「真倒楣，還沒吃到羊就被狗咬。」

「狼大哥，你跟我走，保證讓你吃個飽！」狐狸帶著狼走向山下的養鴨場。快到養鴨場時狼停住了腳步，「我知道這裡有五隻狗看守鴨舍，萬一被他們發現可就完了。」

「狼大哥，儘管放心，我自有辦法。」說完，狐狸從身後拿出兩個面具，將牛面具給狼戴上了，自己則戴了一個馬面具。然後他們大搖大擺走進了養鴨場，那些狗居然沒有認出他們，還和他們熱情地打招呼。狼和狐狸吃得肚子滾圓才離開，狼對狐狸佩服的五體投地。

過了幾天，狼又來找狐狸：「好幾天沒有吃東西了，咱倆再去一趟養鴨場吧！」

「好吧！」狐狸說，「我們這次去了要想辦法留在那裡」。於是，狼和羊又戴上面具大模大擺進了養鴨場，見到主人說：「尊敬的主人，我們來幫你餵鴨，打掃清潔好嗎？」

「哦，當然可以！」主人很高興地同意了。

一開始他倆幹活很賣力，深得主人賞識。狐狸趁機對主人說：「我們不光餵鴨，打掃清潔，還能保護鴨場，不像那些狗整天白吃飯，什麼也不做。」主人想了想，辭退了五隻看鴨場的

狗。狼和狐狸的陰謀得逞了，當主人不在的時候，他們就肆無忌憚地大吃一通。

那五隻被辭退的狗感覺事情有些蹊蹺，因為主人一直對他們很好，怎麼突然被辭退了呢？一定是那隻牛和馬搞的！他們決定回去看個究竟，正趕上那冒牌的牛和馬在吃鴨子。五隻狗呼啦一下竄了上去，撕下了狼和狐狸的假面具，打得他們遍體鱗傷，落荒而逃。

狼和狐狸被揭下假面具後再也不敢下山了，餓的肚子「咕咕」直叫。一天，狼高興地叫了起來：「快看，真是有福不用愁！」原來，山下走來三隻羊和兩頭豬，狼和狐狸一陣風似地向羊和豬衝去。突然，那些羊和豬一閃身，將狼和狐狸打倒在地上。五隻狗摘掉面具，這下狼和狐狸徹底絕望了。

這個故事是不是很好聽啊！你也想擁有一個漂亮的面具嗎？那就自己親自動手做一個吧！很有意思的噢！

一、開心玩遊戲

下雪了，而且是七彩的（1～2歲）

寶寶好像天生就會對紙感興趣，給他一張紙可以乖乖地玩很久。

1、給寶寶準備一些五顏六色的紙，放上輕柔的音樂。

2、媽媽：「寶寶喜歡這些好看的紙嗎？如果喜歡就跟媽媽學，做對了媽媽就把它們送給你。」媽媽把一張正方形紙，對折成長方形，寶寶也模仿媽媽的樣子完成了，媽媽親親寶寶：「哇，你真棒！媽媽這張送給你了。」寶寶很有成就感。接著，媽媽折正方形、三角形……

3、寶寶慢慢學會折一些簡單的形狀，高興得亂蹦亂跳，其實寶寶現在最喜歡的遊戲是撕紙。媽媽告訴寶寶可以把紙折起來撕開，一張可以變成兩張，然後再折再撕會變成很多，寶寶饒有興趣地折了撕，撕了折，把這些色彩鮮豔的紙撕成碎片撒的到處都是，還美其名說「下雪了」，而且是七彩的。

變魔術了（2～3歲）

寶寶可以自己折一些簡單的紙玩具了。為了引起寶寶的興趣，父母可以把折好的千紙鶴、綠色的小青蛙、各式各樣的小鳥，還有鮮豔的花朵，都裝飾在房間裡。

1、為寶寶準備一些色彩鮮豔的色紙、剪刀、膠水、色筆。

2、讓寶寶選擇自己喜歡的色紙，發揮想像力，隨便折什麼都可以。寶寶本身就對這些花花綠綠的色紙感興趣，現在可以如願了，媽媽一說完就熱火朝天地折了起來。寶寶會興高采烈地把作品展示給妳看，把一張揉成團的紙，說成是他做的「皮球」，把一張橫七豎八折起來的紙說是「變形金剛」……

3、很快寶寶就會對他四不像的作品失去興趣，他不明白自己為什麼折不出比較具體的紙玩具。很多紙被寶寶折壞、揉皺，他也慢慢地產生了厭倦的情緒。這時父母一定要積極參與到活動中來，重新激起寶寶的折紙熱情。讓寶寶跟自己一起做，把一張正方形的紙對角折，變成三角形，然後在三角形紙上畫出眼睛、鼻子、鬍鬚，立刻就變成小花貓了。在金黃色的色紙上畫出小金魚的形狀，讓寶寶用剪刀剪下來，畫上眼睛，就變成小金魚了。讓寶寶用他折的小貓玩「小貓釣魚」的遊戲，寶寶會特別開心。

動物化妝舞會（3～5歲）

寶寶喜歡新奇的遊戲，父母可以和寶寶舉辦一個動物化妝舞會，來慶祝寶寶的兒童節。

1、把要進行遊戲的房間裝扮一下，用一些五顏六色的紙做成拉花掛在天花板上，還要放一些氣球，營造出節日的氣氛。

2、媽媽問寶寶：「現在舉辦動物化妝舞會，我們都要打扮成可愛的小動物，可是沒有面具怎麼辦呢？我們動手來做自己喜歡的小動物面具怎麼樣？」寶寶會特別高興，因為他是第一次參加動物化妝舞會，並且親自動手做自己喜歡的小動物面具。

3、為寶寶準備水色筆、漂亮貼紙、剪刀、釘有鬆緊帶的卡紙。

媽媽問寶寶：「你喜歡哪種小動物啊？」寶寶說：「我喜歡小兔子，就做一隻可愛的小兔子面具吧！」

①媽媽教寶寶先把卡紙畫出臉的基本輪廓，然後用剪刀剪好。

②讓寶寶戴上卡紙，可是卡紙把臉全擋住了，問寶寶：「我們什麼也看不到了，怎麼跳舞啊？」寶寶會說：「露出眼睛。」媽媽：「怎樣才可以露出眼睛啊？你有辦法嗎？」寶寶會想啊想啊。媽媽：「我有一個好辦法，先把卡紙貼在臉上，用手摸到眼睛的位置按住，然後用另一隻手拿筆在上面畫個圈，把畫圈的地方剪成小洞洞就可以把眼睛露出來了。」媽媽可以一邊說一邊做。

③眼睛露出來了，還有鼻子和嘴巴，提示寶寶用漂亮的貼紙，給小兔子剪一個鼻子貼上，

用色筆畫出小兔子的三瓣嘴。小兔子的面具做好了，媽媽戴上讓寶寶看看，是不是還缺少什麼？寶寶會大聲告訴妳：「小兔子還有尖尖的大耳朵！」教寶寶用卡紙剪兩隻尖尖的大耳朵貼在面具的上方，面具做好了，寶寶戴上面具，媽媽要鼓勵寶寶：「你真棒，真聰明，做的面具真好看！」

④媽媽：「寶寶的面具做好了，爸爸、媽媽的還沒有做，寶寶幫媽媽做好嗎？」寶寶會欣然答應，因為寶寶現在還沉浸在成功的喜悅中。

4、面具全做好了，父母和寶寶戴上各自的面具唱啊、跳啊，做各式各樣的遊戲，慶祝快樂的節日。

會飛的紙飛機（6～9歲）

一張紙就可以折一架飛機，這成了男孩子們最愛的遊戲。隨著紙飛機的飛起，放飛了孩子們的希望和夢想。

1、準備：廢報紙、草稿紙、舊月曆都可以，最好是A3、A4大小的。（但必須是乾淨的）

2、折飛機步驟如下：

①把一張長方形的紙，垂直放在桌上，左右對折，並在紙的中間折出一道折疊線。

②將對折後的紙打開，並把左上角和右上角折向中間的折疊線，分別折成小三角形。

③再把三角形的部分依先前的中間折疊線，左右向上對折，形成飛機尖尖的頭部。

④下面是最重要的一步——機翼，紙張依然垂直放在桌上，把折好的紙張依開始的折疊線折向外側就是機翼了。一個簡單的紙飛機就完成了。

3、紙飛機已經完成，接著就要放飛了。通常這個遊戲需要幾個孩子一起玩，大家一起折飛機，然後進行比賽，看誰的紙飛機在空中飛行的時間長，轉彎的姿勢優美。如果你的飛機飛了一圈又回到了你身旁，而且飛行姿態優美，會得到大家的讚美。如果你的紙飛機飛出去就像中彈一樣，栽了下來，會遭到大家的嘲笑。

折紙船也是小朋友喜歡的遊戲，特別是雨過天晴，把疊好的小紙船放到小水溝中，看著小船隨水漂走，左右晃動，上下起伏，也會成為童年的美好回憶。

二、愛心爸媽的行動指南

*提示寶寶在使用剪刀的時候要注意安全。

*父母要有耐心，手把手教，無論寶寶折的結果如何，都不要說你真笨、太傻了、腦子不開竅等等，這些話都會嚴重打擊寶寶折紙的積極性。

*寶寶的耐心有限，在一次次的失敗後往往會失去興趣，父母要即時提示、鼓勵。

*為寶寶營造一個溫馨、富有情趣的環境。例如，用父母和寶寶折好的玩具佈置一下房間，播放一些有關遊戲的兒歌或音樂，挑動寶寶的折紙興趣。

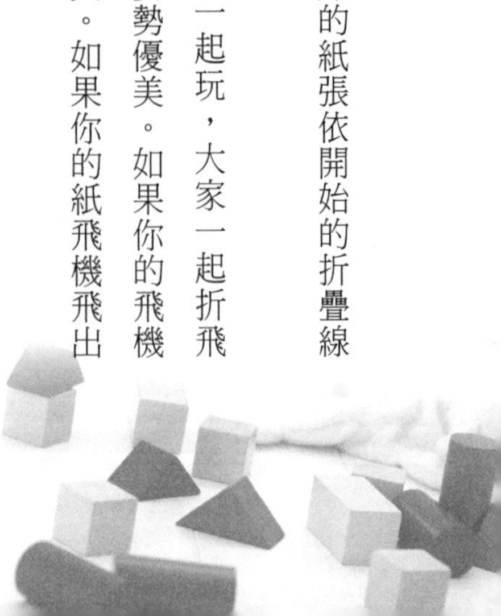

＊教導寶寶各種折紙工具和材料的基本使用方法。

三、這樣的遊戲千萬不要錯過噢！

1、透過折紙遊戲提高了寶寶的動手能力，鍛鍊了手指的靈活性，促進了大腦發育，啟發了孩子的創造性思維。

2、透過折紙遊戲可以很好地培養寶寶的想像力，充分發揮寶寶的創造力。

3、在遊戲中折紙和剪紙可以鍛鍊寶寶手的觸感和動作的準確性，讓寶寶養成了做事認真、耐心細緻的習慣，提高了手工技能。

4、由於折紙的過程就是將點、角、線、面等反覆重合折疊，構成三角形、正方形、菱形等各種形狀，為寶寶建立幾何和數理概念打下了基礎，增強了寶寶對三維空間的理解和想像。

5、在遊戲的過程中對面具的製作，培養了寶寶的審美能力，提高了寶寶的手工製作水準。

6、一張紙經過寶寶的小手反覆折疊變成了一件件造型誇張、富有情趣的作品，對這種有趣又誘人的製作，幼兒抱有濃厚的興趣，可以激發出寶寶的探索熱情。

7、小朋友們在玩遊戲時相互幫助，提高了寶寶的社會交往能力。

8、在遊戲中讓孩子瞭解了不同概念，鍛鍊了寶寶解決問題的能力。

遊戲11

爬樹、摘果果

爬樹是孩子們喜歡的遊戲，既可以爬到高高的樹上欣賞周圍的風景，又可以摘到好吃的果子，可謂一舉兩得。

小時候媽媽養蠶，放學後的第一件事就是去採桑葉。在院子後面有一棵高大的桑樹，枝繁葉茂，但是樹的主幹並不高，很容易爬上去。一到夏天，紫色的桑椹個大、肉厚，酸甜可口，讓人垂涎欲滴，這時我常常和小朋友一起爬到樹上，吃得手和嘴都是黑紫色才肯下來。

院子中還有兩棵大棗樹，樹幹有碗口那麼粗，到了秋天，樹上掛滿了紅棗兒，風兒一吹，輕輕擺動，如同無數盞紅通通的小燈籠掛在樹上，看著就讓人眼饞。棗兒雖然特別好吃，可是樹上有一種淺綠色的、軟軟的，渾身有細絨毛的小蟲子，一旦碰到手上、身上，又紅又腫，奇癢無比。還有更可怕的，就是樹上的蜜蜂。有一次，一個小朋友用竹竿去打棗，不小心打到了藏在樹葉裡的蜜蜂窩，驚擾了蜜蜂，「轟」的一聲，一群蜜蜂向他撲來，頭上被狠狠地螫了一下，疼痛難忍，只好慌慌張張地爬下樹來。雖然有很多次疼痛的教訓，可是一想起酸酸甜甜的棗兒，就什麼都忘了，小朋友們照樣去爬樹摘棗。

最好玩的是折柳條做柳笛，村前小路旁栽種的全是柳樹，春風一吹，軟軟的枝條隨風搖曳，枝條上長滿繁星一樣的嫩綠柳芽，像小朋友閃動的眼睛。這時是做柳笛的最好時節，小朋友們三五成群的去摘柳枝，做柳笛，看誰做的柳笛吹的響亮。剛剛發出的柳葉嫩嫩的、綠綠的，摘下來用開水燙過，浸泡一段時間，用調味料一調就可以吃了，是純綠色食品。

童年是快樂的，是難忘的。幼兒時期的寶寶都有一個夢想和心願，就是登高和爬樹。雖然有一定的危險，父母也不要過於禁止。當孩子爬樹的願望無法實現時，他會發自內心地感到不滿：「以後有機會我一定在別人看不到的地方爬。」這樣，也許危險就會發生。對孩子來說，學到任何新的本領，都會有驚險伴隨。當他一邊想著可能會摔下來，一邊小心翼翼地往樹上爬時，那種瞬間的快感是無可比擬的，是終身難忘的。

一、開心玩遊戲

小猴爬樹（1～2歲）

寶寶已經學會到處爬了，特別喜歡和爸爸玩「小猴爬樹」的遊戲。

1、爸爸理所當然地扮作「樹」，寶寶就是可愛的小猴子。

2、爸爸擺好姿勢，兩腿叉開站穩，遊戲就可以開始了，不需要任何道具。

3、小猴子順著大樹向上攀爬，想盡一切辦法，克服一切困難，然後爬到「樹」頂（就是爬到爸爸的肩上，騎到爸爸脖子上或站在肩上），讓爸爸馱著走幾圈。對於年齡小，還不怎麼會爬的寶寶，爸爸要把手交叉放在身體的前面，或者兩手插腰，讓寶寶當成梯子，也可以開始的時候蹲下，讓寶寶蹬著往上爬。

4、下來時最安全的方法是：先把腿放下來，抱著爸爸的身體從前面慢慢滑下來。也可以轉過身體，和爸爸背靠背滑下來，這時爸爸的身體要稍微向前傾斜，背部形成一個坡度，便於寶寶滑行。

對於年齡太小的寶寶，開始可能有些害怕，媽媽可以在一旁協助，然後再慢慢放手。另外爸爸也可以坐在地上，讓寶寶從背後爬到肩上，這樣容易的多，然後，爸爸抱過寶寶讓他頭向下從懷中滑到地上。

漂亮的紅果果（2～3歲）

寶寶到了這個年齡特別喜歡奔跑和跳躍，父母可以和寶寶玩摘果果的遊戲。

1、剪一個紙蘋果，用別針掛在繩子上。不要太高，媽媽雙腳跳起能抓到即可，也給寶寶掛一些，讓寶寶跳起來也可以抓到。

2、媽媽告訴寶寶：「寶貝，蘋果大豐收了，讓我們進行一場摘蘋果比賽吧！爸爸當評審，比一比誰摘得多，摘得快，好不好？」

3、接下來，讓寶寶和妳一起跳起來摘果果，媽媽慢慢摘，讓寶寶最後贏得比賽，獲得成就感。

小松鼠摘松果（3～5歲）

孩子們都喜歡可愛的小松鼠，現在就讓我們和寶寶玩小松鼠摘松果的遊戲吧！

1、準備兩個小松鼠的頭飾，剪幾棵小樹貼在牆上，將一些小棉包貼在樹上當松果。還要有一個小籃子，同時播放《摘果果》兒歌。

2、遊戲在歌聲中開始了，媽媽和寶寶頭戴小松鼠的頭飾。媽媽：「小松鼠，媽媽今天帶你去小樹林摘你喜歡吃的果果，高興嗎？」寶寶點點頭：「高興！」模仿小松鼠高興的樣子，又蹦又跳。

3、媽媽和寶寶走到小樹邊。媽媽：「小松鼠快來看，樹上的果果真多，都已經熟了，你知道那是什麼果果嗎？你會摘果果嗎？」寶寶高興的手舞足蹈：「是我最愛吃的松果，我會摘！」

4、寶寶提著小籃子，走到小樹下，模仿小松鼠的樣子，做了一個向上爬的動作，然後翹起腳尖，舉起小手臂，張開手指摘下一個小棉包放在籃子中。媽媽鼓掌：「小松鼠真棒，會爬到樹上摘果果了。」寶寶把一棵小樹上的棉包摘完，蹲下來（模仿小松鼠爬下樹來）。然後又去爬另外一棵樹。寶寶饒有興趣地模仿小松鼠的樣子，把所有的果果都摘了下來。而且模仿的唯妙唯肖，使人忍俊不禁。

5、寶寶摘完所有的果果，而且興致很高。媽媽：「小松鼠你真能幹，摘的果果真多，可以分給爸爸、媽媽嗎？」寶寶會很高興的答應：「小松鼠願意分給爸爸、媽媽。」媽媽：「要分給爸爸、媽媽多少呢？」提示寶寶數一數籃子中的果果，然後分成三份。

爬樹摘榆錢（6～10歲）

也許很多寶寶都不知道什麼是榆錢，榆錢就是榆樹上開的花朵，可以生吃，也可以做菜吃。想吃到榆錢，就要爬到高高的樹上去摘。在春暖花開的時節，帶著寶寶去摘榆錢是一項很好的運動。當然，這樣的運動是絕對少不了爸爸的。

1、準備一根竹竿，竹竿的上頭用刀劈開一個小口，在小口的底部用小木片卡住，然後用線纏住紮好，開口就固定好了（也可以在竹竿的頂部直接綁一個鐵鉤）。同時，還要帶一個小籃子。

2、要爬樹了，爸爸先吸口氣，搓搓手，雙手緊緊抱住樹幹，隨後雙腿也用力盤住樹幹。當雙手緊抱樹幹時，收腹提臀，雙腿就向上移動一段；當雙腿緊緊的盤住樹幹時，雙手盡量向上抓住樹幹，並用力抱緊，使身體盡量不要滑下去，就這樣雙腿和雙手輪流移動，就爬到樹上去了（也有的用雙腳蹬著樹幹爬上去的）。竹竿用繩子掛在腰際帶到了樹上，找一個樹杈站穩後，用竹竿的卡口卡住榆樹的細枝，慢慢轉動竹竿，樹枝就被折斷掉下來。

4、媽媽和寶寶在樹下大喊：「加油！加油！」寶寶的積極性也被挑動起來了，想親自體驗一

下。找一棵小樹，讓寶寶來練習。寶寶兩手緊緊抱住樹幹，然後雙腿離開地面盤住樹幹，可是剛剛盤住就滑下來了。寶寶看爸爸爬得很輕鬆，可是自己反覆用力也沒有爬上去，媽媽可以鼓勵並協助寶寶，在下面托著寶寶的屁股，這樣寶寶就可以爬上去了。

二、愛心爸媽的行動指南

*爸爸馱寶寶在房間走動時，要特別注意，不要讓電燈、門框等東西碰到寶寶。

*爬樹是一項危險的遊戲，當父母發現寶寶在爬樹時，不要嚴厲禁止。這類冒險遊戲一旦被禁止，寶寶就會趁父母不在的時候偷偷做，那時候就會更加危險。與其限制寶寶的行為，不如教寶寶爬樹的方法和技巧，讓寶寶在輕鬆愉快的氛圍中學到本領。

*不要讓寶寶一個人隨意攀爬樹木，因為一些樹枝很細，承受不住寶寶的重量，使寶寶摔下來。還會被樹枝刮傷皮膚，或者扯壞衣服，而且樹上會有一些有毒的小蟲子，防止寶寶萬一被螫傷。

*寶寶要學爬樹，父母一定要陪同，以防摔傷，還要觀察一下周圍的環境，不要有安全隱患。

*特別注意的是：三歲以前的寶寶，骨骼發育不完善，任何跳躍活動都不能持續太長時間，以防造成寶寶骨骼變形。

*當寶寶開始學跳躍時，一定要教寶寶一個正確的姿勢：兩隻小腳稍稍分開，半蹲著，小屁股微微翹起，小拳頭攥緊，然後開始跳。如果寶寶這些做的不正確，跳躍時容易扭傷腿。

三、這樣的遊戲千萬不要錯過噢！

1、在摘果果遊戲中，寶寶不斷蹦跳，吸入的氧氣量增加，促進了血液循環，對大腦發育很有好處。

2、熟練的跳躍動作，有助於寶寶多方面發展，性格更加活潑，有自信心，喜歡表現自己，在學習舞蹈等肢體語言方面，進步快，身體協調能力好。

3、爬樹主要是鍛鍊孩子的臂力、耐力與肢體協調能力，可以激起寶寶的好奇心，激發冒險精神。成功爬到樹上，寶寶會有成就感，增強自信心。不僅磨練了寶寶的意志，還鍛鍊了身體。

遊戲12

玩沙土

天氣晴朗，眼前是一片金燦燦的沙灘和一望無際的大海。脫掉鞋子，赤腳踩在沙灘上，細細軟軟的，舒服極了。隨手抓起一把沙子，像流水一樣從指縫中流下來，陽光一照，變得像金子一樣，閃閃發光。

有幾個孩子在堆沙堡，一雙雙沾滿沙子的小手緊張地忙碌著，他們好像選錯了地方，剛剛堆起的沙堆很快就被海水沖走了，只好轉移到離海遠一點的地方繼續堆。有兩個小女孩費了好長時間堆起了一個高高的沙堡，她們想把沙堡送給小螃蟹，可是沒有門小螃蟹怎麼進去呢？她們決定掏出一個洞來當門。一開始，她們先從城堡最上面掏，可是剛掏幾下，就聽見「嘩啦」一聲，城堡塌了。小女孩們立即把缺口補好。其中一個說：「在這個地方掏不行，咱們就換個地方吧！」接著，她們從城堡的底部開始挖洞，因為所有房子的門都是留在下方的，她們堅信自己做對了。過了好長一段時間，終於掏出一個大洞。但她們想把洞再掏大一些，那樣就可以住進許多小螃蟹。於是，小女孩們小心翼翼地從城堡裡向外掏土，城堡的牆壁被弄得越來越薄，糟糕！城堡又一次坍塌了，而且塌成了一堆沙土。一下午的傑作毀於一旦，孩子們沮喪地坐在沙灘上。可是一會兒的工夫，她們又高興起來，重新開始了堆沙遊戲。

夜幕降臨了，海灘上留下了孩子們的一個個傑作。漲潮的時候，一個海浪打來，孩子們辛辛苦苦築好的沙堡被海水沖得無影無蹤……

據說孩子們都有沙土情節，細細柔柔的觸感、千變萬化的形狀，沙土給孩子們帶來的不僅是

快樂，還有豐富的想像、積極的創造和超人的智慧。

一、開心玩遊戲

我找到寶藏啦！（10個月～2歲）

沙土是一種天然的遊戲材料，取之不盡，用之不竭。沙土可以給寶寶提供特殊的觸感知覺，為寶寶準備一堆乾淨的沙土，讓寶寶親自抓一抓、摸一摸，是很有好處的。

1、把寶寶放在沙土上，讓寶寶隨便去玩，摸一摸、抓一抓，看著細細的沙土從手中流走，寶寶會很好奇，越是抓不住，寶寶越是想抓。媽媽可以拿一個漏斗，把沙子倒入漏斗中，讓寶寶看著沙土從下面的小口緩緩流出，寶寶會感覺很神奇。

2、把沙土堆起來，像一座小山一樣，讓寶寶伸開一雙小手，輕輕按在上面，留下小手印，媽媽也按上手印，讓寶寶看看他的和媽媽的有什麼不同，進而使寶寶有了大小的概念。然後把沙土鋪平，扶著寶寶光腳在上面走，留下一串小腳印，看著這些小腳印寶寶會特別開心的。

3、讓寶寶把一隻腳埋在沙土中，一隻腳留在外面，感覺一下有什麼不同。

4、把沙土裝在一個敞口的箱子中，要裝到一半左右，準備一些色彩豔麗的塑膠玩具，先讓寶寶看看，告訴寶寶：「看看這些漂亮的玩具，想要嗎？那好，媽媽把它們藏起來，寶寶快來找寶藏啊！」隨即，媽媽把玩具埋在沙土中，讓寶寶去找。寶寶會很高興地在沙土中翻啊翻啊，終於找到寶藏了，寶寶會特別驚奇。

給你做一幅漂亮的沙土畫吧（2～3歲）

這個年齡的寶寶都特別喜歡畫畫，那麼用沙土作畫或者在沙土上畫畫，都會是很有趣的遊戲。

1、找一張硬紙板，在上面畫上寶寶喜歡的小動物圖案，然後給圖案刷上漿糊或膠水，讓寶寶抓起細細的沙土撒在上面，然後告訴寶寶：「寶寶，媽媽給你變個魔術。」然後把硬紙板反過來抖一抖，抖掉沒有黏住的沙土，這時一個活靈活現的小動物圖案就出現了，寶寶會很好奇：「沙土撒在紙板上就變出畫來了！」媽媽重新操作一遍，讓寶寶仔細看，弄明白其中的原因。

2、把沙土平鋪在地上，讓寶寶用小棒或者是筷子，也可以直接用手指，在沙土上隨意地畫，點、線、圈，或是一些亂七八糟的形狀，媽媽也可以教寶寶畫一些簡單的圖形，正方形、三角形、菱形……媽媽還可以在一旁和寶寶一起畫，讓寶寶認一認，畫的是什麼。

3、準備一些瓶蓋、杯子、玩具等，甚至是寶寶的小鞋子，把沙土堆起來，讓寶寶用這些工具在沙土堆上蓋印，觀察一下留下印記有什麼不同。

我是小小搬運工（3～5歲）

用一些簡單的工具，鍛鍊寶寶的協調性。

1、準備小鏟子、小推車等玩具，讓寶寶先用小鏟子裝一些沙土，把沙土從一個地方運到另外一個地方，在運輸的過程中沙土不能灑出來，然後再用玩具車去運輸（大一些的寶寶可以增加遊戲的難度，在寶寶路過的地方放一些障礙物）。可以和幾個小朋友一起玩，比一比，在同一時間內誰運的沙土多。

2、挖土坑：讓寶寶用玩具小鏟子在沙土上挖一個個小坑，然後從這個坑跳到另外一個坑中，並慢慢加大坑與坑之間的距離。也可以找一些小石頭、小樹葉等填進坑中，用挖出的沙土蓋上。更有趣的就是挖陷阱，把土坑挖的大一些，在坑的上面用小樹枝蓋上，然後再用沙土蓋在樹枝上，鋪平，讓人發現不了下面的坑。當看到別的小朋友踩到陷阱裡，那高興的勁別提了。（當然這個坑是很小的，沒有危險性。）

3、修公路：向沙土中灑一點水，讓寶寶用小鏟子把沙土聚在一起，然後修一條高10公分，寬15公分的小路，把路面用手拍的平平的，在這條小路上開玩具汽車，大一些的寶寶可以把公路修的彎彎曲曲，以此增加遊戲的難度。也可以幾個小朋友在一起玩，看誰的汽車跑的快。

送你一座美麗的莊園（6～10歲）

夏天的大海是迷人的，帶寶寶去海灘，既可以玩沙土，又可以欣賞美麗的海景。

1、為寶寶準備一些防曬用品，還有玩沙土的工具。

2、要給寶寶足夠的時間讓他盡情玩耍。媽媽也要參與寶寶的遊戲，必要時提示寶寶。

3、寶寶開始建他的沙堡了，先用小手把沙土堆在一起，媽媽可以提示寶寶：「寶寶有更簡單的辦法，既省力速度又快，你想知道嗎？」寶寶如果想知道就告訴他（寶寶也有可能照他自己的方式去做）：「用玩具水桶裝滿濕沙子，把桶口向下倒過來，輕輕的拍拍桶底，把桶拿下來，沙子就成型了。」

4、有了城堡的雛形，在上面雕刻就可以了。寶寶用小樹枝先雕出一扇門，接著是窗戶，樓梯還有陽臺。媽媽要提示寶寶：「這是一座漂亮的城堡，是不是還可以裝飾的更漂亮些呢？」寶寶找到一個漂亮的大貝殼放在城堡的頂部，當做城堡的屋頂，撿一些小貝殼和小石頭放在城堡的陽臺上，說是主人養的花。

5、城堡建好了，寶寶在城堡的旁邊用小鏟子挖了一條彎彎曲曲的小河，在小河上用小木棒建

了一座橋，然後在小河的盡頭挖了一個小水池。

6、寶寶在城堡的前面插上許多小樹葉，說是美麗的小花園，在小花園裡，寶寶堆了兩個小山丘，在山丘的下方用手指弄出一個小洞，當做花園的假山和山洞。在假山的上面放了一些小石頭，寶寶說是看風景的小涼亭。

7、寶寶撿了一些形狀好看的貝殼當模型，做出了許多好看的造型，放在城堡的四周。最後在城堡的周圍建了一圈圍牆，一座漂亮的莊園建好了。寶寶揚起他沾滿沙土的小臉開心的笑了：「媽媽，媽媽，我長大了就建一座這樣的莊園送給妳。」多麼美麗的一座莊園啊！有山、有水、有橋，還有漂亮的城堡。它承載了寶寶無限美好的願望。

二、愛心爸媽的行動指南

＊玩沙土之前給寶寶換一件罩衣，這樣比較好清洗（最好是防水布料的）。

＊太小的寶寶玩沙土時，媽媽要時刻注意，防止寶寶抓起沙土放進嘴裡。

＊事先給寶寶剪好指甲。指甲長了既不衛生進了沙土也不好清理。

＊要時刻提醒寶寶不要揉眼睛，以防沙土進入眼睛。

＊夏天到海邊去玩，一定要注意防曬，因為寶寶的皮膚細嫩，容易曬傷。

＊一定要給寶寶準備毛巾和水，在玩的過程中，有可能口渴，或者嘴裡、眼裡進了沙子，可以清理一下。

＊為了有效防止沙土皮炎的發生，玩過沙土後立即用洗手乳或香皂認真地把手清洗乾淨，然後在手面和手腕附近塗上一層薄薄的香脂、防裂霜或10％尿素霜、維生素B_6霜等。

＊年齡小的寶寶在外面玩時，媽媽要注意寶寶會不會和別的小朋友打架或弄倒其他寶寶堆的沙堡。

三、這樣的遊戲千萬不要錯過噢！

1、當沙土從寶寶的手裡流出時，寶寶會有一種特殊的感覺，促進了寶寶觸覺的發展，激發了他的好奇心和探索慾望。

2、透過和寶寶玩印手印、腳印遊戲，加深了寶寶對自己身體的認識，學會仔細觀察和比較事物。

3、寶寶透過運用小鏟子做遊戲，既鍛鍊了手的精細動作，又增加了肌肉力量。

4、寶寶透過用小水桶做沙堡的模型，發展了對空間關係的認知能力。

5、在沙土上作畫，既激發了寶寶的想像力，又提高了觀察能力和手眼協調能力。

6、用不同的物體在沙土上蓋印，使寶寶認識了不同物體的形狀和大小。

7、在沙土上開玩具車，提高了寶寶的平衡能力，初步有了方向感。同時提高了寶寶的反應能力。

8、挖土坑遊戲使寶寶有了空間概念。

9、透過堆沙堡建莊園遊戲，激發了寶寶的想像力，提高了動手能力，而且有了園林佈局的朦朧意識。

遊戲13

黏知了、捉蚱蜢、去河裡摸魚

「池塘的水滿了，雨也停了，田邊的稀泥裡，到處是泥鰍。天天我等著你，等著你捉泥鰍，大哥哥好不好，咱們去捉泥鰍。小牛的哥哥帶著他捉泥鰍，大哥哥好不好，咱們去捉泥鰍。」這是一首20世紀70年代流行的校園歌曲，歌名叫《捉泥鰍》，簡單的歌詞，簡單的旋律，卻清新自然，充滿了童趣，叫人難以忘懷。

國小畢業那年，在村子的前面，有一大片稻田。春天到來時，暖暖的陽光照在水面上，一晃一晃的，在稻田中間的放水溝裡，開始出現一串串的氣泡和小小的漩渦。這就到捉泥鰍的大好時節了。那時候泥鰍很多，根本不需要任何工具，用兩隻手慢慢去捧就可以。滑溜溜的泥鰍在你的手心裡扭啊扭的，拼命往外鑽，一不小心，「哧溜」一聲就讓牠逃之夭夭。民間有句俗語「三個手指抓田螺——穩拿」，這句話用在這一樣符合，用拇指、食指和中指緊緊捏住泥鰍的脖子，牠就跑不了，如果你滿手去抓，抓的越緊，牠就越容易從你手中溜之大吉。

那時水田裡泥鰍很多，一頓飯的時間就抓大半桶，回家餵一些麥麩，養到第二天，泥鰍肚裡的泥就都被清完了，園子裡挖上幾根大蔥，放幾片肥豬肉，再加點花椒、八角、辣椒之類的佐料，用大土鍋燉上半天。那香味，老遠老遠就饞得你口水直流。如果不小心在水中滑上一跤，就成了落湯雞，回家不是挨頓臭罵，就是一頓毒打。但是比起泥鰍的香味那又算得了什麼呢。

抓泥鰍幾乎是男生的專利，也有大膽的女生興致勃勃來到田邊，小心翼翼地下水去嘗試，結果總是以失敗而告終。好不容易捉到一條小魚，哧溜就從手裡鑽出去了，一聲驚呼，一個趔趄，潔白的裙子就變成大花臉了，悄然不知的時候，身旁的男生已經笑得人仰馬翻了。

夕陽西下，彩霞滿天，水面上像是火焰在跳動。遠處的青山漸漸模糊，山腳下的人家，已經升起嫋嫋炊煙，該回家了。

教育家伽德納指出，觀察大自然是孩子開發智慧的一種方式。大自然更是一本孩子們喜歡親近和研究的教科書。在這本「書」中，孩子們不僅學會了一些一般的科普常識，還能學到如何愛護大自然和保護大自然。

一、開心玩遊戲

你會黏知了嗎？（6～10歲）

知了，學名叫做蟬，以樹的汁液為食，夏天沒完沒了的叫喚煩死人。在晴朗的夏天，選一個涼爽的日子，帶寶寶去公園或郊外黏知了，這是個既有趣又能磨練寶寶的活動。

1、帶一個大一點的瓶子，用來裝知了，一個長長的竹竿，還有一塊洗好的麵筋（和好一小團麵，然後放在水裡揉，把澱粉洗掉，最後剩下的就是麵筋），因為天氣熱還要準備涼茶和毛巾。

2、出發了，寶寶甭提多高興了。找了一個比較近的公園，這裡還真是熱鬧，老遠就聽見知了、蟈蟈、蟋蟀的叫聲跌宕起伏，炎炎烈日卻曬得人昏昏欲睡。

3、黏知了的工作就是爸爸的，寶寶先在一邊仔細看，學學經驗。爸爸把洗好的麵筋裹在竹竿的頂端，躡手躡腳地走進小樹林，仰起臉開始尋找目標。目標找到了，爸爸把竹竿慢慢往上伸，隨著一聲聲「知了，知了」的叫聲，果然看到一隻肥碩的知了，正趴在樹幹上引吭高歌，絲毫沒有感覺到危險的到來。爸爸瞄準知了的翅膀輕輕一點，隨著一聲「知」的叫聲，知了掙扎了幾下，成了爸爸的「戰利品」。寶寶看得十分專心，一會兒摒住呼吸，瞪著眼睛，一會兒高高跳起，大聲叫「快點，要不就飛了」。「好了，好了，黏住了，黏住了……」寶寶小臉紅紅的，全都是汗水。

4、看著爸爸黏了很多知了，寶寶情緒高漲，一定要自己去黏。爸爸把竹竿交給寶寶，並告訴他：「順著知了的叫聲就可以找到知了。」寶寶拿著竹竿轉了一圈，只聽到叫聲，卻一隻知了也沒有看到：「明明有很多知了在叫，我怎麼沒有看到一隻呢？」爸爸要提醒寶寶：「知了身體的顏色和樹幹差不多，牠又緊緊貼著樹幹，不仔細看，是看不出來的。」

5、寶寶仰的臉、脖子都痠了，終於發現一隻知了，正貪婪地吸著樹汁。他輕輕走過去，全神貫注地盯著知了，迅速舉起竹竿黏過去。可是，寶寶太性急了，在竹竿靠近知了的一剎那，「呼」的一下，知了驚叫著飛到另一棵樹上去了。看著到手的知了跑了，寶寶非常洩氣，他一屁股坐在了地上。

6、在爸爸、媽媽的鼓勵下，寶寶重新拿起竹竿，擦擦臉上的汗水，繼續黏知了。因為有了一次經驗，寶寶更加小心了，可是竹竿好像總是不聽使喚，剛一舉起，知了好像背後長了眼睛一樣，「噌」的飛走了。寶寶不服輸的心被激怒了，晃了晃發痠的手臂和脖子，擦擦不斷流下的汗水，總結經驗和教訓繼續黏知了。

7、皇天不負苦心人，寶寶終於黏到一隻大大的知了，他將知了放到瓶子裡，嘆出一口氣，看著爸爸黏的很輕鬆，但自己做起來還真是不容易啊！

去捉蚱蜢嘍！（6～10歲）

蚱蜢屬於節肢動物，以草及灌木葉子或花、莖為食，體長2～4公分。用拇指和食指捏住蚱蜢後面的兩隻腳，牠會不停地磕頭作揖，十分好玩。

到了金秋十月，大地瞬間變得富有，到處是一派醉人的金黃色，黃得耀眼。這也是捉蚱蜢的大好時節，要趕在早晨露水未乾之前去捉，因為蚱蜢渾身沾滿露水，很容易捉到。

1、帶一些裝蚱蜢的瓶子，還有一個小木棒、小網備用。

2、帶著寶寶出發嘍！早晨的野外真美，田間綴滿晶瑩剔透的露珠兒，空氣中散發著一股股甜絲絲、香噴噴的氣息。稻穀成熟了，蚱蜢也多了起來。棲息在稻穗或草叢上的蚱蜢，彎腰即拾，一會兒就裝滿了一瓶子。

3、很快，太陽升起，露珠乾了，蚱蜢也活躍起來，這才是爸爸大顯身手的時候。找到一塊蚱蜢喜歡的草叢，用木棒狠狠地抽打草叢，沒幾下，受驚的蚱蜢就會蹦出來。

4、「噌」的一聲，一隻又肥又大的蚱蜢突然從草叢中跳了出來，飛到不遠處一枝枯草上停了下來，爸爸慢慢地跟上去，迅速舉起網，一網下去，竟然網住了。寶寶連跑帶跳，興奮不已。大聲叫著：「該我捉蚱蜢了，快把網給我。」

5、接著爸爸用木棒抽打草叢，寶寶搜索目標。很快寶寶發現一隻又大又威猛的蚱蜢，寶寶模仿爸爸的樣子，撲向前一網網去，可是這隻蚱蜢很狡猾，似乎早已覺察到了，強勁有力的後腿一蹬，剎那間就無影無蹤了。寶寶沒有灰心，繼續尋找目標。這時，一隻蚱蜢飛了起來，落在寶寶前面的草叢上，寶寶緊盯蚱蜢的落腳處，汲取了上次的教訓，輕輕靠近目標，摒住呼吸繞到蚱蜢的身後，離目標越來越近了，他舉起網迅速的網了過去，成功了！寶寶高興的大叫一聲：「耶！」

6、寶寶興致勃勃地在田野上一會兒捉蚱蜢，一會兒追蜻蜓，不僅滿載而歸，還總結出兩點經驗：一、不能心急，想辦法從後面慢慢接近目標，同時隱蔽好自己；二、下手速度一定要快、網的必須準。

你敢下河摸魚嗎？（6～10歲）

炎熱的夏季最好玩的遊戲莫過於下河摸魚了，既有美味可吃，又能洗澡降溫，真是一舉兩得。選一個晴朗的日子，帶著寶寶去摸魚，準備一個裝魚的小水桶。

1、選擇好摸魚的地點：找到一條小河，河水清澈見底，依稀看到有小魚游動。

2、砌圍堰：爸爸挽褲管下河負責砌圍堰，媽媽負責找石頭或磚頭，寶寶可以給媽媽幫忙運輸。先把小河從上游截斷，然後在下游也砌上圍堰，不過下游的圍堰上方留有一個小開口，可以讓水排出去，水少了，魚就好摸了。看著爸爸在水中忙碌，寶寶在岸上待不住了，躍躍欲試，把長褲一脫，也要下去。

3、趕水：把圍堰內的水趕出去，爸爸拿著水桶，把水「趕」到下游去，這時的寶寶終於按耐不住，在媽媽的一再阻攔下跳到水中，加入爸爸的隊伍中。可是寶寶哪裡是在趕水，簡直就是人工降雨，把水灑向空中，全都淋在了自己的頭上，用小手一擦，頓時成了大花臉。看著寶寶的滑稽樣，爸爸、媽媽不由得笑了起來。

3、摸魚：水「趕」得差不多了，開始摸魚。爸爸彎下腰，兩手貼著地面從左岸向右岸摸，然後再從右岸向左岸摸去。當手感覺到有魚時，雙手一合攏就摸上來了，如果是鯽魚在手中活蹦亂跳的，如果是螃蟹，摸到會感覺扎手，硬梆梆的，一不小心，有時還會被大螯夾住，疼的你「哎呦」一聲，手一離開水面，牠大螯一鬆，立刻溜之大吉。

4、爸爸運氣不錯，摸上來不少小魚和小蝦，寶寶跟在爸爸屁股後面，彎著腰，小手在水中亂抓。真是混水摸魚，魚沒有摸到，卻滿身滿臉都是泥巴。

二、愛心爸媽的行動指南

＊父母千萬要注意，不要讓寶寶自己去河中抓魚摸蝦。

＊帶寶寶到野外一定要注意安全。

三、這樣的遊戲千萬不要錯過噢！

1、這些有趣的遊戲讓寶寶擁有了一段美好的時光，留下了永久的回憶。

2、在這些遊戲中寶寶認識了很多小昆蟲，並瞭解了牠們的生活習性。

3、透過這些遊戲寶寶知道了生活環境的重要性，提高了寶寶的環保意識，懂得了從小要愛護環境。

4、這些野外的遊戲磨鍊了寶寶的意志，激發了他的探索精神，使之更加勇於進取，不怕吃苦，不怕失敗，樹立了強烈的自信心。

5、鍛鍊了寶寶的耐性，提高了寶寶的觀察力和全身的協調能力。

遊戲14

捉迷藏

在宋朝的時候有個小孩，叫司馬光，他聰明可愛，天真活潑，小朋友們都喜歡和他一起玩耍。有一天，風和日麗，他和幾個小朋友在後院玩捉迷藏的遊戲。小朋友們有的藏在大樹下，有的藏在花叢中，有的藏在高高的假山上。大家玩的正高興，忽聽「撲通」一聲，一個小朋友掉進假山下面的水缸中。原來這個小朋友很調皮，他爬到假山上，看到山上有個洞，很隱蔽，就想藏在裡面不被別人找到，可是洞裡又濕又滑，一不小心便掉了下來。小朋友們都嚇壞了，他們人小力薄，找大人已經來不及了，不知道該怎麼辦。這時候，司馬光急中生智，舉起一塊大石頭，使勁向水缸砸去。缸被砸破了，孩子被救了出來。

宋朝司馬光砸缸的故事把我們帶到捉迷藏遊戲中，從另一個角度也說明了這個遊戲歷史悠久。

這一民間遊戲，趣味十足，內容千變萬化，規則簡單易懂，適合各個年齡層的寶寶。

一、開心玩遊戲

媽媽到哪裡去了？（4～10個月）

千奇百怪的玩具對嬰兒大腦的開發是功不可沒的，但是沒有玩具，寶寶照樣能玩的很開心，因為，從某種意義上來說媽媽就是一個很有趣的「大玩具」。

1、父母讓寶寶躺在床上或小車中，俯下身子，逗寶寶玩，媽媽用雙手捂住自己的臉，說：「媽媽呢？媽媽在哪裡？」然後拿開一隻手，露出半邊臉，「媽媽在這兒呢！」寶寶很驚奇地看著，當妳把手全部拿掉時，他會高興得手舞足蹈。

2、寶寶稍大一些，可以換更有趣的玩法。用一塊乾淨的小毛巾，輕輕地矇在寶寶的臉上。當第一次玩這個遊戲，寶寶的臉被蓋住時，他會驚慌失措，這時媽媽幫他把毛巾拿掉，學貓咪的叫聲吸引他，寶寶會感覺很有趣。玩幾次以後，寶寶就學會自己拿下毛巾了，而且百玩不厭。也可以用毛巾蓋上媽媽的臉來玩這個遊戲。

3、10個月左右的寶寶喜歡自己去尋找東西，媽媽可以把一些可以發出聲音的玩具或者手機藏起來，讓寶寶去找，他通常都能很快地循聲找到。把一些寶寶喜歡的玩具藏起來，露出玩具的一角，然後引導寶寶去找，當玩具被寶寶找到時，寶寶可以體會到成功的喜悅。也可以讓爸爸參與到遊戲中，爸爸藏在椅子後，或者沙發旁邊，媽媽引導寶寶去找。

這些都是我愛吃的（1～2歲）

快兩歲了，寶寶已經具備了口頭表達能力，可以玩指偶的遊戲了。

1、準備十個手指套，上面分別畫上寶寶喜歡吃的水果：蘋果、香蕉、鴨梨、橘子、奇異果等等（也可以是寶寶熟悉的小動物）。

2、把指套套在媽媽的十根手指上，然後開始表演。

3、媽媽和寶寶面對面坐下，媽媽伸開手掌，讓寶寶看到手指上的水果。說：「寶寶這些都是你喜歡吃的。仔細看看，媽媽一會兒就給你變沒有了。」接著迅速把兩個大拇指捲起來藏在手心裡，嘴裡還唸唸有詞：「咕嚕咕嚕變！變！變！」然後問寶寶：「寶貝，那兩個大蘋果到哪裡去了呢？」寶寶左看看，右看看，噢！原來在媽媽的手心裡！媽媽不停的變換手指，捲上，伸開，寶寶會感覺特別有趣。反覆玩幾次熟悉以後，可以讓寶寶自己帶上指套，表演給媽媽看，要一邊表演，一邊解說。

我先找到寶藏了！（2～3歲）

寶寶已經可以單獨走路了，春暖花開的時候，父母帶寶寶去野外草坪上玩耍，一邊曬太陽，一邊做藏寶遊戲。

1、父母準備一些玩具，給寶寶訂一下遊戲規則，告訴寶寶一定要遵守。規則一：其中一個

人藏寶，另外兩個人找，比賽看誰先找到；二：藏寶的時候其他人不許偷看，違者取消資格；三：找到寶藏後一定要表達出來：我在某某地方找到的，藏寶的人也要表達：我把它藏在某某地方了。

2、遊戲開始，透過「剪刀、石頭、布」選出誰先藏寶，哈哈！爸爸選中了，媽媽和寶寶閉上眼睛，爸爸藏好後，一聲「開始」媽媽和寶寶睜開眼，迅速地四下尋找，看看哪裡有蛛絲馬跡。寶寶如果找不到，爸爸要提示一下：我把它放在╳╳上了，或放在╳╳下面了，噢！寶寶會有目標地向上或向下看。媽媽即使看見了，也要裝作不知道，故意到別處去找，讓寶寶先找到，進而提高寶寶的積極性。

3、寶寶找到寶藏了，該輪到寶寶藏寶了，爸爸、媽媽閉上眼睛，寶寶把玩具藏在這裡，看看不放心，感覺其他地方會更隱蔽，然後拿起來放到另外一個地方，好像還不放心，這樣反反覆覆挪動好幾個地方，直到媽媽一聲聲的催促下，才大聲喊開始。

爸爸、媽媽要故意東瞧瞧西看看，即使走到玩具旁邊也要裝作沒看見，嘴裡不停地說：「哎呦！寶寶把寶藏藏哪裡了，怎麼那麼難找啊！」有時寶寶會忍不住直接拉你到他藏玩具的地方，把玩具拿出來。

遊戲也可以是找人的，爸爸、媽媽和寶寶輪流藏起來，讓其他人找。寶寶會樂此不疲。

有趣的貓和老鼠（4～5歲）

集體遊戲更有趣，邀幾個小朋友到家中來玩「貓和老鼠」。父母要把房間清理乾淨，拿走一些不必要的東西。

1、寶寶們透過抽籤，選出一個人當貓（在紙上畫圈，抓到紙上畫圈的就是貓），其他的小朋友都是老鼠。

2、媽媽先把貓的眼睛用紗巾矇住，並且小聲提示他不許偷看。然後喊：「1、2、3，你們藏好了嗎？」「藏好了。」其他的孩子回應道。

3、隨著一聲「開始」，貓小心翼翼地邁開步子，舉起雙手，摸索著前行。老鼠們有的藏在門後面，有的藏在沙發後面，有的藏在衣櫥中，當貓走近時，老鼠緊張地摒住呼吸。媽媽在旁邊進行指揮：「注意，前面是桌子，繞過去，繼續向前走，你的右面是沙發，沙發的後面有一隻老鼠。然後向左轉，繼續走是房間的門，門後面也有一隻老鼠……」小貓很快抓到了所有的老鼠，房間中爆發出快樂的笑聲。第一個被捉的老鼠變成了捉人的貓，一場新的遊戲又開始了。

看你往哪裡藏！（5～10歲）

捉迷藏，這個人人喜愛、家喻戶曉的遊戲恐怕是多數孩子都曾經玩過的。空曠的野外小樹林、寬敞的庭院，或者是小小的一間柴房都會成為孩子們的遊戲樂園。「1、2、3，藏好了麼？」伴隨著急切的喊聲，捉人者和被捉者的遊戲就展開了。被捉者挖空心思尋找隱蔽的藏身之處，捉人者絞盡腦汁尋遍每一個可疑的藏身之所。藏有藏的好處，抓有抓的快樂，讓每個人都異常興奮。

1、夏天的傍晚，邀幾個小朋友一起去一個寬敞的庭院玩捉迷藏，這是遊戲的最好場所，可以找到很多藏身之處。

2、負責抓人的小朋友閉上眼睛站在原地，是不許偷看的，其他的小朋友迅速找到隱蔽的地方藏好，抓人的往往要大聲的喊：「藏好了嗎？可以開始了嗎？」藏起來的人一聲「好了」（往往是中計了，暴露了目標，被第一個捉到，成為下一輪遊戲的抓人者），便開始找人了，藏者摒住呼吸，彷彿可以聽到自己心跳的聲音，抓人者豎起耳朵，尋找著每一個可以藏身的地方。

3、有的孩子很聰明，提前把遊戲場所仔細的偵查一遍，每一個藏身的地方都瞭若指掌。當遊戲開始以後，如果他是抓人的，往往手到擒來，每一個藏起來的小朋友都會被逮捕歸案。但是如果被小朋友察覺他在作弊，也會樂極生悲，在他閉眼準備抓人時，小朋友們偷偷地商量好一起結伴回家了，將其一個人丟棄在空無一人的院子中。

4、有的孩子也會找到一些極其隱蔽的地方，每次遊戲，只要他藏起來，誰都找不到。但是一次次躲過被抓的危險，卻沒有了那種緊張的心「怦怦」直跳的感覺，時間長了會覺得索然無味。偶爾也會在藏身的地方睡著了，醒來已是月兒高掛，孤獨和落寞瞬間包圍了他幼小的心靈。沒有了被發現的驚喜，「遺忘」感也就慢慢升上心頭。孩子從此放棄這個隱蔽的場所，每次藏身都故意露出一些蛛絲馬跡，或將衣服露在外面，或故意弄出一些聲音，這下子，他會被小朋友們第一個找出來，於是就很開心地去做「俘虜」，去體驗尋找的快樂。

5、孩子們在遊戲中有得有失，在艱難的尋找和被找中玩味著喜悅和滿足……

二、愛心爸媽的行動指南

遊戲前爸爸、媽媽一定要規定，哪些地方可以藏，哪些地方不可以藏，避免讓孩子躲到密閉的或危險的空間裡。

三、這樣的遊戲千萬不要錯過噢！

1、透過幼兒期的一些捉迷藏遊戲鍛鍊了寶寶的手指靈活性，提高了寶寶的語言能力。

2、透過捉迷藏遊戲培養了寶寶的物體永久性認知，明白了爸爸、媽媽即使看不到但也是存在的，並沒有消失。

3、讓寶寶根據線索尋找物體，培養了寶寶的因果推斷能力，使其充分瞭解了事物整體與部分的關係。

4、捉迷藏遊戲會鍛鍊寶寶獨立生活的能力，使寶寶有了規則意識。

5、隨著寶寶的長大，他慢慢從遊戲中學會去尋找自己要找的東西，建立一種「目標意識」，而且透過遊戲，寶寶認識到：不是所有的人眼中的世界都和他眼中的一樣，而且尋找目標的方式也不相同。

6、在遊戲中寶寶體會到認識新生事物的樂趣，鍛鍊了寶寶的認知能力和社交能力。

7、捉迷藏中的找人者和被找者的發現和經歷都能引起兒童的快感，在遊戲中，參與者要眼疾手快，動作迅速，並使用各種戰略戰術找到藏者，這是對寶寶的綜合能力的考驗。

8、捉迷藏還可以幫助寶寶克服「分離性焦慮症」。「分離性焦慮症」主要表現在寶寶離開父母後常常哭鬧不停。

9、捉迷藏滿足了寶寶的探索慾望，促使他去一個個未知的空間尋找他要找的東西。

遊戲15

養隻小寵物給牠蓋個窩

一天傍晚去散步，在路上，一隻小狗對著我汪汪直叫，還真嚇了我一跳，仔細一看，原來是一隻小黑狗，長長的毛、圓圓的腦袋、水汪汪的大眼睛，長得蠻可愛。牠一邊叫還一邊搖尾巴，不知道是想咬我，還是喜歡我。「去去，離我遠點！」牠根本不理我，還是汪汪直叫，沒有辦法，嚇得我拔腿就跑，沒想到我跑牠也跑，我跑得快，牠也跑得快；我跑得慢，牠也跑得慢，就這樣一直跟著我跑到家。

第二天一早，開門一看牠居然還在，眼巴巴地望著我，好像是餓了。我覺得牠挺可憐的，給了牠一個饅頭和幾塊骨頭，小狗感激地搖著尾巴。讓我沒想到的是，這隻小狗怎麼也趕不走了，沒有辦法，就這樣牠成了我的寵物。因為牠是個美眉，我就給牠取了個名字叫妮妮。

妮妮不但長得可愛，而且腦子特聰明。當你高興時，牠會搖著尾巴圍著你轉來轉去；如果看到你不高興，立刻趴到一邊，一動也不動。妮妮成了我的好朋友，每天我離開家時，牠總是送我到門外很遠，眼睛滴溜溜地望著我，好像在囑咐我路上小心；當我回家時，牠總是跑很遠過來迎接我，搖著尾巴，腦袋在我身上蹭來蹭去，特別親熱。妮妮吃飽後，就會回到窩裡呼呼大睡，多大的聲音也吵不醒牠。但是，如果有外人在門外路過，牠一定會突然竄起，衝到門外一陣狂吠。令人驚奇的是，牠還能記住我朋友的一些資訊，只要來過我家一次的朋友，要是下次再來，牠準會搖著尾巴跑出去迎接；朋友走了，牠也會送出很遠。

妮妮很頑皮，每次帶牠出去的時候，總是這邊聞聞，那邊嗅嗅，直到我喊破了喉嚨才回來，可是我就喜歡牠的頑皮勁。

透過飼養小動物可以激發寶寶活躍、好奇的天性。在精心飼養小動物的過程中，寶寶和小動物朝夕相處，不僅可以培養寶寶的責任心，而且還能夠使其懂得從小親近自然、愛護動物，更加關心、體貼他人，懂得與人分享自己的歡樂。

一、開心玩遊戲

滿地滾的毛毛球（3～4歲）

給寶寶養一隻小雛雞，他天天與這一團滿地滾的「毛毛球」為伴，一定會特別開心。

1、為寶寶買了一隻小雛雞，小雞剛剛破殼出來，絨毛是淡淡的黃色，有兩顆黑珍珠一樣的小眼睛，嘴巴尖尖的，三隻腳爪也長長的，靈活的小腦袋轉來轉去，總是「嘰嘰嘰」叫個不停。

2、給小雞做個窩：因為小雞剛剛破殼，特別怕冷，要給牠一個溫暖的家。找一個泡棉箱子，箱底鋪上厚厚的棉花，在箱子的一側剪開一個窗口，一來可以讓小雞呼吸新鮮空氣，二來小雞可以伸出頭來吃東西。要是冬天就把箱子放在暖氣旁邊。如果沒有暖氣，晚上要用燈

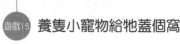

泡照明取暖。

3、小雞要吃飯了：剛出生的小雞，可以餵用開水燙過的小米，也可以餵煮熟的雞蛋黃。媽媽做這件事情的時候，讓寶寶在一邊看，接著引導寶寶拿一點食物餵小雞，寶寶特別喜歡做這樣的事情。以後媽媽就可以交給寶寶自己餵了。

4、和小雞玩遊戲：吃飽了的小雞很淘氣，大聲叫著到處亂跑，看見寶寶在走動，就急忙跟過去，沒跑幾步，就摔了一跤，連滾帶爬的起來，繼續跟著屁顛屁顛地跑，滑稽極了！這下寶寶可高興了，故意在屋子裡跑來跑去。

5、給雞寶寶取個名字：小雞該有個名字了，媽媽徵求寶寶的意見：「想想給小雞取個什麼名字呢？」小雞特別愛叫，只要牠醒著，就「嘰嘰嘰」地叫個不停，響亮而清脆，寶寶說就叫「嘰嘰」。慢慢地，小雞和寶寶就很熟悉了，寶寶只要一喊「嘰嘰」，小雞立刻跑過來跳到寶寶的手上。小雞越來越淘氣了，有時候餓了，就圍著寶寶轉來轉去，一下跳到寶寶的鞋上，寶寶稍一抬腳，牠竟然順勢跳到膝蓋上，再從肚子爬上肩膀，竟然站在寶寶的肩膀上啄寶寶的下巴，引得寶寶哈哈大笑。

6、給小雞洗洗澡：由於吃食喝水，小雞的肚子下面就成了亂糟糟的，小屁股也髒兮兮的，要給小雞洗澡了。把小雞輕輕抓在手中，一邊沾水一邊沖洗，小雞嚇得掙扎著拼命大叫，這下小雞真成名副其實的「落湯雞」了，絨毛一綹一綹的貼在小小的身體上。洗完澡之後，用乾毛巾把小雞擦乾，然後拿到燈下烤了一會兒，用棉花把它包好，放在小窩中。

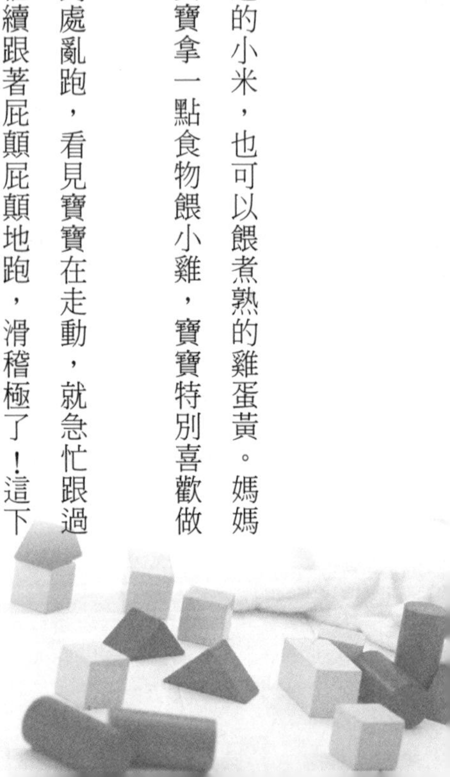

7、小雞換羽毛了：一天，寶寶大叫：「媽媽！嘰嘰換新衣服了！」原來，小雞長出了新的羽毛，細細的、白白的，牠不時地用尖尖的小嘴梳理一下。小雞長大了，食量也大增，牠喜歡吃白菜，有時候可以吃掉巴掌大的一塊。這時，小雞可以吃雞飼料了，雞飼料不僅營養全面，而且餵起來省心，寶寶完全可以自己照顧小雞了。寶寶變得愛勞動了，每天要給小雞餵食、餵水、清理糞便。

8、小雞長尾巴了：時間過的真快，小雞長出了像扇子一樣的小尾巴，低頭啄食時小尾巴一翹一翹的，特別滑稽。牠在寶寶的照顧下飛快成長，只要一喊「嘰嘰」，牠立即飛跑過來。

漂亮的小金魚（4～6歲）

五顏六色的小金魚既漂亮，又好飼養，是寶寶寵物的首選。

1、小金魚選擇：給寶寶觀賞，通常選擇外形好看，而且色彩豔麗的，個頭不要太大，有4、5條即可。

2、小金魚的家：飼養金魚有很多容器，如玻璃魚缸、瓷缸、陶缸等等。一般家庭中，以玻璃魚缸為最好，體積大小適中，便於室內安放而且清晰透明，便於觀賞。特別是圓形魚缸，容積較小，適合養4、5條小魚。缸裡加水後，由於光線的折射，看上去，魚兒肥大，更能引起寶寶注意。魚缸中放一些裝飾性的水草、珊瑚等等，看著更加美觀。

3、小金魚吃什麼：金魚最喜歡鮮活的魚蟲，其他的如米飯粒、麵包屑等。每天記住餵一次就可以，不能餵得太多。開始要父母去餵，掌握了一定的食量後，可以讓寶寶來餵。

4、小金魚也要呼吸：為了讓魚兒自由的呼吸，魚缸要經常換水。每天早晨清理魚缸底部的排泄物，大約抽出三分之一的水，倒進新水就可以。（水對魚來說非常重要，如果是自來水，需要在陽光下曝曬兩、三天才可以用，因為自來水中含有氯及漂白水的氣味。）

5、小金魚也要曬太陽：為了小金魚美麗的外衣，要經常曬太陽。因為小金魚鮮豔的顏色沒有強光照射，就會慢慢黯淡，而且魚也容易生病。所以要保持充足的光照，如果氣溫適宜，白天可以把魚缸放在陽臺上或窗臺上。

6、媽媽先學習餵養，掌握要領，然後一點點的教寶寶，寶寶一定會很精心地照顧這些小精靈的。

可愛的狗狗（5～10歲）

養一隻乖巧可愛的小狗，會給寶寶的童年留下美好的回憶。寶寶養狗要選個頭較小，性情溫順，比較好飼養的。

1、小狗生下不久要去打疫苗，父母必須記住今年打疫苗的確切日期，明年要提前一個月帶狗狗再去接種。接種後不要給狗狗洗澡或帶狗狗外出，防止感冒。

2、狗狗小時候要少量多餐，不能餵得太飽，不要餵太油膩的東西，更不能餵骨頭，因為狗狗的消化系統發育還不完善，這些東西都不好消化。要想餵牛奶，就提前先用溫水稀釋，否則狗狗對乳糖不消化，容易拉稀。最好以專業的狗糧為主，適當補充一些蔬菜和肉。

3、狗狗還小，可以用一個小紙箱當狗窩，裡面墊上厚厚的一層棉花，也可以是寶寶不穿的衣服。因為衣服上有寶寶的氣味，狗狗睡覺會很踏實，有安全感，也有助於寶寶和狗狗培養感情。要即時的清理狗舍，一天要清理兩次。開始這些事情父母可以代勞，慢慢的要寶寶去做。狗狗愛乾淨，要訓練牠去指定的地方大小便。狗狗長大一些，為狗狗準備一個大一點的坐墊就可以當床，如果住處有院子，可以為狗狗蓋個狗窩，這樣狗狗就有了自己的小天地。用磚頭砌牆，用樹枝搭頂，然後蓋上防雨的用具，一個簡易的狗窩就建好了，寶寶可以參與搭建，很有趣的。

4、要經常給狗狗洗澡。用一個能裝下狗狗的臉盆，放上適量的溫水（水溫不要太熱，也不要太涼。不要在風口給狗狗洗澡，以防感冒，洗澡時不要讓水進到狗狗的眼睛中。）把狗狗全身打濕，塗上動物沐浴乳，然後慢慢揉，一定要洗透，不要洗完了才發現裡面的毛還是乾的，洗好以後要用毛巾擦乾。

5、如果天氣允許，每天都要帶狗狗出去走走（特別是住樓房的），這個任務寶寶會完成的很好。外出散步時狗狗可以大小便，能夠鍛鍊自身的適應能力，強身健體，陽光中的紫外線還可以殺死牠身上的細菌和寄生蟲。

6、狗狗剛剛離開媽媽，會感到孤獨並缺少安全感，寶寶要多陪陪牠，和狗狗說說話，做玩遊戲，狗狗是通人性的，很快就和寶寶成為好朋友，建立起深厚的感情。

二、愛心爸媽的行動指南

*要做好寵物的衛生，勤洗澡，勤清理寵物窩，定期消毒。

*不讓寵物舔寶寶的餐具，也不要睡在寶寶的房間中，特別是床上，以防把細菌和寄生蟲傳給寶寶。

*發現寵物有什麼異常要即時去治療，防止傳給家人。

*不要親吻寵物，所有家人必須注射破傷風疫苗。

*無論養什麼寵物安全都是第一位的，千萬別給自己和家人的健康造成危害，那樣就得不償失了。

三、這樣的遊戲千萬不要錯過噢！

1、透過飼養寵物激發了寶寶的責任心和愛心，更樂於助人。同時也促進了寶寶的動手和動腦能力。

2、在飼養寵物的過程中，寶寶瞭解了很多小動物的生活習性，和動物們建立了深厚的感情，使生活更有意義。

3、寵物可以調節人的情緒，特別是性情急躁的寶寶，透過養寵物可以緩解情緒，減輕壓力。透過養寵物和寵物玩耍可以治療兒童抑鬱症，因為寵物可以不厭其煩地傾聽主人的訴說。

4、和寵物一起玩耍還可以治療兒童過動症，寶寶和寵物一起嬉戲玩耍，能促進寶寶的睡眠品質，增強自信心。

5、透過養寵物可以使寶寶強身健體，增強免疫力，減少得過敏症的機率。

6、飼養寵物還可以治療兒童自閉症。與寵物在一起可以刺激患兒的感覺系統，增強患兒對外界事物的注意力。

遊戲16

做風箏

春天來了，到處草長鶯飛，湛藍的天空飄著幾朵白雲，地上草兒綠綠的，佈滿五顏六色的野花，讓人賞心悅目。風兒呼呼地吹著，暖暖的，真是放風箏的好天氣。

自己動手做了一只簡易的風箏，來到市區外空曠的田野上，這裡有不少放風箏的人。看著藍藍的天空中五顏六色的風箏，真是千姿百態，讓人眼花撩亂。我一隻手拿著風箏，一隻手拉著線頂風使勁向前跑，風箏在我的身後也隨著飛到了半空。我有點沾沾自喜，看來費不了多大勁就可以飛上去了。誰知，一陣風吹來，風箏翻了個跟斗，一頭栽了下來，真是樂極生悲。只好撿起風箏重新開始，這次還不錯，風箏飄飄忽忽地升上去了。別人的風箏幾乎是直著上去的，而我的風箏是斜著上去的，我也學著別人的樣子，有風的時候放線，沒風的時候拉緊。風箏在藍藍的天空中，忽高忽低，忽遠忽近，我的思緒也隨著它在空中遨遊。手中的線已經放完了，風箏在遠處的高空變成了巴掌那麼大。我拉著線跑來跑去，享受著其中的快樂。突然感覺到手中的線軸變得沉重起來，風箏開始不受我的控制，好像在左右搖擺，線也越拉越緊，忽然，「啪」的一聲，線斷了，渴望自由的風箏「逃走」了。我手抓著線軸呆呆地看著天空，看著它一點點從我眼中消失。我頹廢的坐在了地上，感到特別傷心。但在傷心的同時忽然想到，我不就是想放飛夢想嗎？風箏飛走了，也放飛了我的夢想，它一定會帶著我美好的願望飛向一個未知的神秘地方去了。

如果想讓寶寶體驗一下飛翔的樂趣，就一起來放風箏吧！

一、開心玩遊戲

隨風飄舞的塑膠袋（1～3歲）

起風時，寶寶看到漫天飛舞的塑膠袋會十分感興趣，就讓他親手去放飛這些特別的「風箏」吧！

1、為寶寶準備幾個塑膠袋、雙面膠、剪刀、五顏六色的色紙，還有線團。

2、找一個寬敞平整的地方，給寶寶播放《放風箏》的影片和兒歌，媽媽：「寶寶，知道影片中天上飛的是什麼嗎？媽媽這裡有塑膠袋，塑膠袋娃娃看見在天上自由自在飛翔的風箏，特別羨慕，她也想穿上漂亮的衣服，飛上藍天。寶寶趕快動動腦筋，想想辦法幫幫它吧！」

3、媽媽拿出塑膠袋、色紙等，提示寶寶：「想起來了嗎？媽媽也有個好辦法，跟媽媽學好嗎？」

4、先在塑膠袋的下面黏上雙面膠，然後把色紙用剪刀剪成細細的條，黏在雙面膠上，媽媽一邊做一邊說：「這些漂亮的彩帶就是風箏的尾巴，是不是很漂亮啊！可是風箏要飛起來還需要什麼呢？」然後媽媽把塑膠袋吹得鼓鼓的，用線把塑膠袋的口紮住，不讓氣體跑出來，在紮口的地方繫上長長的線。

5、這樣塑膠袋就變成了小風箏，媽媽檢查一下寶寶做的，隨時鼓勵寶寶：「寶寶真能幹，讓我們去放飛它好嗎？」

6、媽媽和寶寶各拿一個，先讓寶寶想一想，怎樣才可以讓塑膠袋飛起來，如果寶寶確實不知道，媽媽要提示：「寶寶，風箏是怎樣飛起來的，是不是要跑起來，還要高高地舉起來啊！」

7、透過親自玩耍，寶寶慢慢地明白了，要跑得快、舉得高，還要有長長的線，風箏才可以飛很高。

將一張紙撕成細紙條，然後用線繫上，讓寶寶到室外去放，也很有意思，寶寶一定會喜歡的。

你會做風箏嗎？（5～10歲）

放風箏很有趣，可是親手做一只風箏也不錯，可以體會到成功的快樂。

1、選材：找一根竹竿，不要太細的，用它做風箏架，這樣做可以減輕風箏架的重量，風箏更容易飛起來。準備幾張色紙（也可以是薄薄的綢子布），還有剪刀和雙面膠。

2、用刀將竹竿的前三節截下來，然後再截一個同樣長的，把竹筒用刀劃開，用尺子量一量，

做一根長約為80公分，寬約0.5公分的主軸，兩根長50公分的橫軸，還有一根長25公分的橫軸（如果是經常做風箏的，不用尺子量，只要目測就能知道）。把這四根做主架用的竹片，用刀子將內面盡量削薄，以此減輕風箏的重量。

3、在三根橫軸的中心點用刀刻上記號，在主軸的兩頭各留出3公分左右的距離，也刻上記號，主軸中間的部分按照長橫軸與短橫軸1：2的比例刻上記號。將三根橫軸按事先做好的記號在主軸上用線綁起來，這樣風箏的主架就做好了。把做好的主架中心部分放在手上，測試一下，看看是否平衡。

4、主架已經做好，按照風箏的主架把色紙裁好，用雙面膠黏在主架上，可以根據自己的喜好選不同顏色的紙（可以用色紙拼出不同的圖案，使風箏更加美觀。比如色彩豔麗的小金魚，隨風飄舞的花蝴蝶，調皮的小娃娃等等）。這樣風箏的主體就完成了，最後就剩下風箏的尾巴和放風箏的線軸了。用色紙剪成3公分左右的紙條，長度是風箏主軸的兩倍，黏在最短的橫軸上，用比較結實的塑膠線繫在風箏的下面，線的另外一頭繫在線軸上。一只完整的風箏就大功告成了。這當然是最簡易的，也是給寶寶最大快樂的風箏了。

5、風箏做好了，接下來就是先試飛，讓寶寶帶著他親手做的風箏，到野外去放飛。看看風箏的平衡性，能不能飛起來，然後再適當調節一下風箏的尾巴。

放風箏去嘍！（5歲以上）

在春暖花開的時候，選一個晴朗的天氣，帶寶寶拿著自己做好的風箏，去郊外放風箏吧。

1、選場地：放風箏場地很重要，要選擇四周沒有高大的樓房，附近沒有大樹和電線桿的地方，防止風箏掛在樹上或電線上。地面要寬敞而且平整，因為放風箏時人的注意力在空中，有時還會倒退著跑，比較容易絆倒。

2、試風向和風速：選好場地，還要試試風向和風速，風速太大不行，太小也不可以，風速大約3～5級最適合。試風向最簡單的方法就是看樹枝的擺動，也可以向空中拋撒物體，看看落下的方向就知道了。

3、放飛風箏：這是最關鍵的，風箏飛的如何，就看這一步了。放風箏需要兩個人的配合，寶寶一開始當觀眾就可以了，媽媽一隻手拿著線軸另一隻手拉著風箏線，提前把線放出10～15公尺。爸爸拿好風箏，用手緊緊抓住風箏的主架，站在風箏的背後或側面，將風箏高高舉起，然後逆風快跑。風力適宜後，輕輕鬆開風箏，風箏就順著風勢起飛了，但還不能放鬆懈，必須讓它飛到一定的高度才能穩定，於是媽媽慢慢放線，調整方向，風箏在人的拉力和風力的推動下衝上高高的藍天。風箏扶搖直上，在藍天上自由自在地飛翔，這時媽媽可以讓寶寶拿著線軸，讓他體會一下放風箏的樂趣。

4、要回家了，風箏也要從空中收回來。收線時絕不能操之過急，要順著風勢和風箏所在的位

置，不斷調整好方向，慢慢地把線拉回來，然後把線緊緊繞到線軸上。注意拉線的時候不要太用力，當心把線拉斷。當風箏從空中落下來快要掉在地上時，爸爸要把握時機，接住風箏，免得風箏直接掉在地上摔壞。

放風箏技巧：

①放風箏首先要掌握風向和風速。通常看樹葉的擺動或者抓起一把草葉撒向空中，看草葉落地的方向。

②風力合適時，放風箏不用人幫忙，自己就可以放，逆風快速向前跑，一邊跑一邊放線，直到風箏飛到一定高度，不往下墜，方可停下來慢慢放線。

③要想讓風箏快速穩定起飛，還是要人幫忙最好，一個人站住放線，先放大約15公尺左右，另外一人拿著風箏的骨架，逆風快速奔跑，慢慢放開風箏，風箏穩穩地升上天空。

④如果風箏和別的風箏纏在一起，不必驚慌，和風箏的主人靠近，相互調換線軸，使線鬆開即可。

二、愛心爸媽的行動指南

*放風箏時不要面對太陽，防止紫外線傷害眼睛。

*老年人如果參與，要注意休息，不宜仰頭太久，很容易造成頸肩部肌肉緊繃、疲勞。

*有椎動脈供血不足者盡量不要參與，容易因為椎動脈供血不足發生腦血管意外。

三、這樣的遊戲千萬不要錯過噢！

1、透過自己親手做風箏並放飛，增強了寶寶的動手和動腦能力，而且親自體驗了成功的快樂趣，增強了自信心。

2、在放飛的過程中，看著自然界草長鶯飛的美麗景色，滿目新綠，養眼又養心，既陶冶情操又強身健體。看著扶搖直上的風箏，在高高的天空自由飛翔，使人心情愉悅，奮發向上。

3、放風箏時昂首翹望，極目遠眺，可以消除眼部疲勞，調節和改善視力。

4、放飛風箏的過程要注意力集中，看著風箏高高升起，使人精神愉快，消除了焦慮和疲勞。

5、在做風箏的過程中，融入了許多傳統文化因素，進而提高了寶寶的審美能力和藝術欣賞能力。

6、在放飛風箏時放線和收線，前顧後仰，一會兒前跑，一會兒後退，手、腦、眼和全身各個部位都得到了鍛鍊，可以達到「晦氣全部放掉」、「痛苦煩惱統統飛走」的效果。

遊戲17

丟手帕

「丟、丟，丟手帕，輕輕地放在小朋友的後面，大家不要告訴他。」只要想起《丟手帕》這首兒歌，兒時的記憶就會清晰地出現在眼前。

記得上國小時，每到課間總是有同學大聲喊：「喂！喂！大家快來玩丟手帕嘍！」「來了！來了！」同學們紛紛叫著跑過來。手拉手圍成一個大圓圈，一張張純真可愛的笑臉圍在一起，真像一個美麗的大花環。大家選出丟手帕的人，被選中的夥伴通常都是很不情願的，他拿著手帕，彎著腰——開始慢慢跑，接著就會惡作劇般飛快地跑起來，像斷了線的風箏在你身旁轉啊轉。空氣頓時活躍起來，大家心底都多了一份期待已久的衝動。每個人的心都怦怦直跳，像揣著一隻小兔子，眼睛不時向身後偷看一眼，生怕手帕丟在自己身後，心裡默默地唸著：「千萬別丟給我呀！」但是遇到自己喜歡的夥伴，又會暗地偷偷盼著他能把手帕丟給自己，在這種忐忑不安中，所有的人都伸長了脖子，直勾勾地看著他到底丟給誰。如果丟手帕的是個毛頭男生，他十之八九會利用這次千載難逢的好機會，把心愛的「繡球」悄悄拋在暗地喜歡的女孩子身後。男孩放下手帕，裝作旁若無人的樣子繼續向前走。那女孩察覺後，抓起手帕，還沒等站好，就迅速地追了過去，男孩早已兩手空空，逃也似地跑到女孩的位置上傻笑著坐下。大家高喊：「快！快！該妳表演節目了。」女孩子無計可施，很委屈地站到大家中間，臉紅紅的，低著頭不知道要表演什麼，一雙竹筍般的小手被搓得發白。最後，她靈機一動，慢慢的抬起頭，怯怯地唱了起來：「大公雞真美麗，紅紅的冠子花外衣。」在大家的笑聲中，女孩結束了她的表演，開始新一輪遊戲。輪到女孩丟手帕了，她們腦袋靈活，有很好的「偽裝術」。轉啊轉

啊，故意在你身後彎彎腰，到他的身後迅速跑了起來，等你飛快地回身看時根本沒有，搞得神不知鬼不覺的。也不知什麼時候就將手帕丟到你身後，最後你只有束手就擒，乖乖地到圈中間表演節目……

丟手帕恐怕是最溫馨的集體遊戲了，在陽光明媚的春天，一群可愛的小寶寶在陽光下燦爛的笑著、鬧著，陽光暖暖的，草地綠綠的，一切都是那麼美好。

一、開心玩遊戲

小動物丟手帕（2～4歲）

在溫暖的春天，選一個天氣晴朗的日子，邀幾個要好的朋友，帶著各自的寶寶一起去郊外玩耍。

1、準備幾個不同小動物的頭飾和小手帕。

2、給每個寶寶發一個頭飾戴上，告訴他們：「寶貝，下面我們玩小動物丟手帕，你們就是小動物了。」然後父母也要戴上頭飾，參加寶寶們的遊戲。

3、父母和寶寶們一起拉著手圍成圓圈坐下，先向寶寶們講清楚遊戲規則：

①小動物不會走路，只會爬。所以大家要爬著玩遊戲。要手腳著地爬，手膝著地爬是不可以的。

②手帕丟在一個小朋友的身後，其他的小朋友不許說話，也不許偷看被丟手帕的人，違者要受到懲罰，給大家表演節目。

③如果手帕丟給誰，被發現了，可以拿著手帕追，丟手帕的被追上就要認輸，罰表演節目。如果手帕沒有被發現，丟手帕的爬一圈回到他背後，被丟的人認輸，把自己的位置讓給剛剛丟手帕的。自己要給大家表演節目，而且下一個丟手帕的就是他。

4、遊戲開始，第一個丟手帕的人，就是舉辦這次活動的人——爸爸。大家圍著圈唱《丟手帕》兒歌，爸爸頭上戴著小狗的頭飾，嘴裡叼著小手帕，手腳著地向前爬。寶寶們很認真地唱著歌，很投入的樣子。

5、爸爸把小手帕放在一個小寶寶的後面，寶寶很認真地唱著歌，根本沒有發現，這時爸爸可以故意碰他一下（引起寶寶玩遊戲的積極性）。小寶寶回身發現了小手帕，拿起來，叼在嘴裡，迅速地爬著去追前面的人，孩子最擅長爬行，很快就追上了笨手笨腳的大人。其他的寶寶高興地拍著手叫：「追上嘍！追上嘍！」爸爸沒有辦法只有認輸，受罰站到圓圈中間給大家表演一個拿手的節目，到第二輪遊戲時還要繼續當丟手帕的人。

6、遊戲繼續進行，這次爸爸把手帕丟給另外一個爸爸，場上的氣氛緊張了，這位爸爸的寶

寶和媽媽都為他捏把汗，可是什麼也不能說，只是乾著急。眼看就要被逮住了，可能是心有靈犀吧！那位爸爸不知道怎麼察覺到了，迅速抓起手帕連滾帶爬地追了過去，兩個大男人，一前一後，撅著屁股努力地爬啊爬啊，你追我趕，大家終於憋不住哈哈大笑起來，寶寶們高興得手舞足蹈，還不住地喊：「加油！」「加油！」遊戲在熱烈的氣氛中進行著，不時傳來快樂的笑聲。

你喜歡丟手帕嗎？（4～6歲）

一條乾淨的小手帕，幾個要好的小朋友（最少五人，多者不限，男女皆可），就可以玩一個很好玩的遊戲——丟手帕。

1、大家「剪刀、石頭、布」決出勝負，輸的小朋友負責丟手帕。

2、其餘的小朋友手拉手圍成圓圈蹲下，大家一起唱《丟手帕》的歌謠。丟手帕的人圍著大家轉啊轉啊，在大家歌謠唱完之前，神不知鬼不覺地把手帕偷偷丟在一個小朋友的身後。其他的小朋友不許告訴他，也不許故意看他（在丟手帕的人從你身後過時也不許回頭看），否則就是犯規。這時大家都很緊張，眼睛直勾勾地看著丟手帕的小朋友，不知道他的目標到底是誰。每個人都能看到他丟給誰，卻往往看不見他丟給自己，當看到丟手帕的小朋友手中沒有手帕了，才突然驚醒，猛然回頭，抓起手帕迅速跑去追趕。

3、如果抓到了丟手帕的人（假如他是A），那麼A繼續丟手帕，還要被罰表演節目。如果沒有抓到A，那麼原來丟手帕的A就頂替被丟手帕的人（假如他是B）的位置，B就要給大家表演節目，還要做下一個丟手帕的人。如果在A把手帕丟給了B，跑了一圈後回到B的身後，B還沒有發現，同樣B也要表演節目和當下一個丟手帕的人。

4、丟手帕的人一開始喜歡丟給反應慢的或者跑得慢的，這樣不容易被抓到。如果反覆被抓到，就會丟給和自己要好的夥伴，這個小朋友就會故意裝作沒有發現手帕，甘心被抓住，並受罰表演節目，做下一個丟手帕的人。

5、無論是丟手帕的還是被丟的，大家都玩的特別開心，每次遊戲結束大家都意猶未盡。

五顏六色的花手帕（5～10歲）

準備不同顏色的手帕若干條備用，找一個比較寬敞的地方，大家一起玩遊戲，最少要八個人。

1、遊戲開始前要選出兩個小朋友去丟手帕，通常就是進行抽籤，抽到的就當丟手帕的人。

2、其餘的小朋友圍成圓圈坐下，大家一起唱「丟、丟，丟手帕，輕輕地放在小朋友的後面，大家不要告訴他……」另外兩個小朋友分別拿著不同顏色的小手帕，在圈外轉啊轉啊，這時大家精力更加集中了，因為要看著兩個人，還要記住誰的手中是什麼顏色的手帕（因為

誰丟給你的，你就要去追誰）。

3、兩個丟手帕的小朋友在歌聲中飛快地跑動，趁人不備，悄悄把手帕丟在小朋友身後，然後仍裝作沒事似的繼續跑，被丟的小朋友發現以後，抓起手帕飛快地追去。場上的四個人，你追我趕，還真是熱鬧。眼看前面的人就要被抓到，這邊高興地喊著：「快點！快點！哎呦！真可惜！」那邊不停地叫好：「抓到了！抓到了！」丟手帕的人一個箭步蹲在了被丟人的位置上，大大出了一口氣，抓人的小朋友就在身後，就差那麼一點點就成功了，此時卻一點辦法都沒有。丟手帕的小朋友虛驚一場，高興地扮著鬼臉，被丟的人氣得哇哇直叫：「下次一定抓到你，看你還高興！」最後只好無可奈何地接受懲罰，為大家表演節目。

這個遊戲是不能追錯人的，如果是你撿到紅色的手帕，就要抓丟紅色手帕的小朋友，如果你去追丟綠色手帕的小朋友，就是抓到了也不算。還可以有更多丟手帕的小朋友，三個、四個……這樣加大了遊戲的難度，也增加了遊戲的樂趣，給更多的小朋友提供了丟手帕的機會。

二、愛心爸媽的行動指南

＊丟手帕的人不能一直繞圈，不把手帕丟給別人。

＊丟手帕的人從小朋友身後走過時，不能偷偷轉身看背後有沒有手帕。

*其他人不能告訴或用眼神提醒被丟手帕的人。
*丟手帕的人要圍著大家跑完一圈後才可以把手帕丟給別人。
*多個丟手帕的人時，要分清被丟手帕的顏色，然後按顏色去追丟手帕者。
*丟手帕的人和被丟手帕的人都不能跑的圈數太多，防止頭暈跌倒。

三、這樣的遊戲千萬不要錯過噢！

1、在和寶寶一起玩遊戲的過程中，增加爸爸、媽媽與寶寶之間的感情交流，促進了親子關係。

2、透過遊戲寶寶的應變能力增強，提高了身體的靈活性，使寶寶在公共場合的表現能力得以提升。

3、寶寶在遊戲中全身肌肉得到鍛鍊，提高了注意力、觀察能力和判斷能力。

4、鍛鍊了寶寶的獨立人格，使他懂得了如何處理好人際關係。

5、在遊戲過程中，寶寶始終處於主體地位，這對寶寶養成活潑開朗，積極向上的性格有重要的意義。

遊戲18

跳橡皮筋

跳橡皮筋可以說是女孩子的專利，不管有多少人，也不管什麼季節，只要有一條橡皮筋，大家就能玩得熱火朝天。記得小時候，每個女孩子都夢寐以求地想要擁有一副完好的、沒有接頭的長橡皮筋，但那絕對是個夢想。那時擁有的橡皮筋多數是廢自行車的內帶，剪成細長條接在一起，有的是用小皮圈連在一起，就是這樣，誰要是有一副好點的橡皮筋，地位頓時抬高，大家都巴結她，排隊等著和她玩。

跳橡皮筋花樣特別多，一邊唱一邊跳特別有意思。一個人可以玩，三個人、五個人甚至更多人都可以玩。一個人時可以把橡皮筋兩頭撐在板凳上，自己跳。三個人時，兩個人撐著，三個人輪流跳。人更多時，就可以分組比賽跳。

最有趣的是兩組小朋友進行比賽。大家用手心手背的方式進行分組，大家都把手伸出來，手心向上的在一個組，手背向上的在一個組，兩組人數不等時，接著分，直分到兩組人數相等為止。然後再出「剪刀、石頭、布」決定哪個組先跳，後跳的一組選兩個人撐起橡皮筋。比賽開始，先從最矮的一級跳，撐橡皮筋的同學把橡皮筋放在腳踝上，第一組其中一個人開始跳了，一邊跳一邊唱：「我是一隻小青蛙，張開嘴巴叫呱呱。請你不要嫌我吵，田裡害蟲我來抓……」伴著女孩一蹦一跳的身影，稚嫩動聽的歌謠扶搖直上，她很輕鬆地過了第一關，大家都歡呼鼓掌。要過第二關了，橡皮筋撐到小腿肚，提高了難度，但是沒有難倒她，很快就輕鬆地過關了。接著是第三關膝蓋，第四關大腿，一直到第五關腰上。圍觀的小朋友喝采聲一片，同一組的人眼睛都笑成了一條縫，不停地喊加油。另外一組的小女孩們有的像熱鍋上的螞蟻急

得團團轉，有的像小猴一樣抓耳撓腮，巴不得這個「跳壇高手」立刻失手，然後輪到她們跳。衝第六關時，橡皮筋不小心掛到了鞋上，那個女孩敗下陣來，她氣喘吁吁地停下來，嘴裡還惋惜著：「真笨，再把腳抬高一點就可以過去了。」她的夥伴在一旁安慰她：「你已經很厲害了，我們已經過了五關了，她們要追上我們已經很難了。」終於輪到第二組了，她們選了一個技術高的小朋友開始跳，同一組的人都很緊張，把希望都寄託在她的身上。第一組的小朋友也緊張地看著，唯恐追上自己。

跳橡皮筋讓孩子的童年充滿了笑聲，只要跳起來，不認識的小朋友也會打成一片。

一、開心玩遊戲

我也能跳過去了（2～4歲）

寶寶天生愛跳，跳橡皮筋的遊戲很適合這個年齡階段的寶寶。

1、為寶寶準備一條橡皮筋，10公尺左右即可，把橡皮筋的兩個開頭繫在一起，成一個圓圈。一個大一些的地墊，以防寶寶摔倒。

2、父母開始教寶寶唱兒歌：「小皮球，香蕉油，滿開花二十一，二五六，二五七，二八、二九、三十一……」

3、寶寶學會自己唱歌謠，就可以遊戲了。鋪上地墊，爸爸和寶寶各撐著橡皮筋的一頭，先從媽媽開始跳，媽媽要示範給寶寶看。第一關跳簡單的「踩蘿蔔」，先把橡皮筋放在腳踝上，媽媽一邊唱一邊開始跳，寶寶認真看著，踩蘿蔔就是第一隻腳踩第一條橡皮筋，第二隻腳踩第二條橡皮筋，最後跳出去，這樣反覆做三次。媽媽很靈活地跳來跳去，而且動作十分標準。寶寶感覺很簡單，迫不及待地大叫：「我會了，我會了，該我跳了。」

4、父母撐橡皮筋，寶寶開始跳了。他先把兩隻腳同時踩在兩條橡皮筋上，雙腳同時跳起，很靈活地就跳了出來。爸爸、媽媽熱烈的掌聲：「寶寶太棒了，居然第一次就過關了。」寶寶高興得手舞足蹈，有模有樣地跳完了三遍。但是寶寶的注意力都用在腳上，忘記唱歌了，媽媽提示寶寶：「你沒有唱歌，可不可以重新跳一遍呢？」寶寶正在興頭上，很爽快地又跳了三遍，當然沒有忘記唱歌嘍。

5、第二關跳「新手一、二、三」，把橡皮筋放在腿肚上，這一關有一定的難度。媽媽開始跳了，說「一」時，把腳放在橡皮筋前面；說「二」時，腳放在橡皮筋的後面；說「三」時，用腳把橡皮筋繞一圈。媽媽一邊做示範，一邊簡單地介紹，寶寶很專心地看著，積極性已經被挑動起來，躍躍欲試。媽媽又反覆跳了幾次，然後問：「寶寶學會了嗎？可以試試嗎？」

6、寶寶站在橡皮筋旁，媽媽提示：「一是什麼？」寶寶在媽媽的提示下完成了一和二，可是「三」嘗試了幾次都不成功，寶寶有些洩氣。媽媽鼓勵說：「寶寶你很棒的，失敗是成功之母，只要想想媽媽怎麼做的，耐心試試一定能成功的。」寶寶嘴裡說著一、二、三，一遍又一遍地跳，終於成功了，寶寶高興得跳啊跳啊，一連跳了好幾次。

7、爸爸、媽媽撐著橡皮筋讓寶寶從第一關跳，然後跳第二關，一次不能教太多，寶寶熟練了這些，可以變變花樣，增加難度，提高寶寶對遊戲的新鮮感。

你參加過跳橡皮筋比賽嗎？（6歲以上）

寶寶大了，已經不滿足和爸爸、媽媽一起玩遊戲了，更喜歡和小朋友一起玩，在快樂的遊戲中他們學會了如何相處。

1、為寶寶準備一條橡皮筋，10公尺左右。給寶寶換上適合跳躍的衣服和鞋子。

2、邀幾個要好的小朋友，到社區或公園中，找一塊平坦而且寬敞的地方。

3、小朋友分出兩個小組，輸的一組選兩個人撐橡皮筋，贏的先跳，大家先要宣佈遊戲規則：

①第一關高度在腳踝，二關升到膝蓋處，三關在腰部，四關在腋下，五關升到脖子……最高到「大舉」，就是手撐橡皮筋，兩臂高高舉起，撐橡皮筋的小朋友不許作弊。

②跳的一組必須所有的人跳完一關，才能跳下一關。如果小組中有一人沒能過關，那麼過關的人中選出一位重新跳一遍，叫「救人」。有幾個人沒過關就救幾個，如果「救人」失敗了，則換對方來跳。

③從最低一關開始跳起，橡皮筋低的時候腳不能碰到橡皮筋，但達到一定的高度時，只要在落地時腳跳過橡皮筋就可以。

4、比賽開始：第一組開始跳，大家選技術不好的先跳，開始很簡單，萬一過不去也有人救她。伴隨著「1+1、東南西北風、小燕子向南飛、小蝌蚪找媽媽……」的歌聲，女孩們一連過了好幾關，橡皮筋已經撐在了脖子上。這是難度很大的一關，她們選了一個跳得特別好的女孩開始跳，只見她輕盈的身體，配上協調的步伐，一個難度較大的「小燕子」飛了出來。一旁的小朋友興奮地蹦來跳去，大喊大叫：「加油！加油！」跳過去的女孩也長舒一口氣，得意洋洋地笑了。

5、遊戲在小朋友們快樂的笑聲中進行著，寶寶們盡情地釋放著她們的快樂，哪一組先過最高一關，那個組就贏得了比賽，然後進行新一輪遊戲。寶寶們往往樂此不疲，忘了回家的時間，在父母的一聲聲呼喊中，草草收了橡皮筋，一邊跑回家，還一邊相互喊著：「別忘了，吃完飯接著玩噢！」

會移動的橡皮筋（7歲以上）

橡皮筋的玩法不斷在更新，小朋友們特別聰明，在原來的基礎上增加了難度，也增添了樂趣。

1、準備橡皮筋一條。

2、跳的花樣和上面一樣，可以單股跳，也可以雙股、三股、四股跳，級別也是一樣，都是從腳踝開始往上跳。

3、不同的是，橡皮筋是移動的，撐橡皮筋的人左右移動，這就要求跳的人精力更加集中，反應更加靈敏。往往你看著橡皮筋在那，你伸腿去勾，可能一瞬間就被挪跑了，所以要掌握撐橡皮筋人的移動規律，而且動作要迅速，這樣才能在瞬間勾住橡皮筋。

跳橡皮筋的花樣：

①跳橡皮筋的動作花樣是由若干基本動作組合在一起，連貫完成。一個連貫動作跳2×8拍，在各種兒歌的伴奏下進行跳躍。

②基本動作以跳躍為主，穿插著點、邁、勾、挑、跨、碰、壓、踢、盤、踩、掏、擺、頂、轉等十幾種動作。

③跳橡皮筋又分為單人跳和集體跳。單人跳由兩人撐著橡皮筋，在橡皮筋的中間一個人跳

或多個人輪流跳，集體跳是將多條橡皮筋撐成各種圖案，譬如三角形、四方形、五角形、六邊形、菱形、梯形、人字形、扇形等等。可以有許多人同時參加跳躍。在跳的過程中，橡皮筋不斷升高，加大跳的難度，升到最高時，撐橡皮筋者拉著橡皮筋兩手高高的舉起來，就見一隻腳「忽」地飛過頭頂，一下子勾住橡皮筋閃電般的拉到了地面上，引得觀看者一片驚呼。

二、愛心爸媽的行動指南

*跳橡皮筋要注意找平坦的地方，防止跳起時扭傷腳骨。

*跳橡皮筋時要換上寬鬆的衣服和運動鞋，這樣彈跳舒服，也不容易摔倒。

*住樓房的不能在家中跳，以防影響樓下的居民。

三、這樣的遊戲千萬不要錯過噢！

1、經常跳橡皮筋可以促進血液循環，增加內臟器官的功能，增大肺活量，有效促進新陳代謝，使身體素質得到全面發展。

2、在遊戲的過程中，小朋友們互相尊重，共同合作，增強了寶寶的公正意識，促進了寶寶人

際關係的發展，而且使寶寶有了明確的規則意識。

3、在遊戲中，透過彈跳可以增強腿部和腰部的靈活性，促進了寶寶骨盆的生長發育，進一步提高了寶寶的彈跳力和平衡能力。

4、跳橡皮筋可以使疲勞的腦細胞得到很好的休息，促使腦細胞的興奮與抑制轉換，進而使寶寶精力充沛。

5、跳橡皮筋不受場地、季節、人數的限制。具有花樣多、興趣高等特點，特別適合寶寶的生理、心理需要，對寶寶鍛鍊身體確實行之有效。

6、寶寶在跳橡皮筋的同時，促進了體能的發展，同時鍛鍊了寶寶的跳躍能力和增加了寶寶的下肢力量，提前培養了寶寶對體育活動的興趣，還使寶寶增長了知識，身心得到全面發展。

7、寶寶一邊跳橡皮筋一邊唱兒歌，寶寶的語言表達能力有所提高，同時培養了寶寶的自身協調能力和節奏感。

8、寶寶在跳橡皮筋時，不滿足於原有的跳法和兒歌，進行自編歌謠，自創玩法。這不僅提高了寶寶對文學的興趣，還開發了寶寶的創造力。

9、透過在遊戲中唱歌謠，寶寶有了數字概念，培養了寶寶對數學的興趣。

遊戲19

踢毽子

踢毽子是中國傳統的民間遊戲之一，有著悠久的歷史。根據有關資料記載和文物證明，它起源於漢朝，盛行於唐、宋時期。宋朝時一些地方還出現了專門製作出售毽子的商鋪，明朝開始有踢毽子比賽，清朝達到空前的程度，到如今男、女、老、幼均可以踢上幾腳。

民間有一種說法認為，踢毽子是更早的時候從孩子們模仿女巫跳大神驅鬼開始的。在過去，科學不發達，很多自然現象無法解釋。那時候人們都很迷信，如果有人得病了，或者遇到什麼自然災害，都會認為是有鬼怪纏身，請女巫來跳大神驅鬼。女巫通常腰繫鈴鐺，手裡拿一雞毛撣子樣的東西代替鬼怪，在空中揮舞，並唸唸有詞，又蹦又跳，非常滑稽可笑。有一些頑皮的孩子觀看之後，就找來一些雞毛紮在一起，當成是鬼怪的頭髮，模仿著女巫的樣子，嘴裡也不知唸的什麼「咒語」，把雞毛踢來踢去。慢慢地很多孩子都來效仿取樂，大人們也感覺這種玩法新鮮有趣，既可以鍛鍊身體又可以驅鬼避邪，而且也有了哄小孩子的玩具，就用銅錢把雞毛固定下來。聽說可以驅鬼，很多人都來湊熱鬧，爭著搶著踢，這樣就從不同的角度，踢出許許多多的花樣。就這樣，從孩子們的嬉鬧中竟踢出了一項歷久不衰的群眾性健身活動。

踢毽子的場地不受限制，室內室外均可，人數多少都行，多有多的好處，少有少的樂趣，一個人可以獨自娛樂，多人可以進行比賽。寶寶喜歡跳躍，踢毽子絕對是他喜歡的遊戲。

一、開心玩遊戲

漂亮的公雞尾巴（1歲半～3歲）

寶寶會走路了，對什麼東西都很好奇，一個用漂亮的雞毛做的毽子引起他很大的興趣。

1、給寶寶準備一個用漂亮的雞毛做的毽子，一台錄放音機。

2、給寶寶放《踢毽子》的歌謠：「小雞毛，真美麗，做個毽子讓你踢。你踢了八十五，我踢了八十七。好像花兒朝天飛，好像活潑的小公雞。」

3、在這優美的歌聲中，媽媽踢毽子，示範給寶寶看。寶寶看著毽子上下翻飛，高興得又蹦又跳，嘴裡還大聲嚷著：「媽媽，媽媽，我也要踢！」年齡小的寶寶是不會踢的，媽媽可以把毽子放在寶寶的腳面上，然後讓寶寶往上一抬腳，毽子就踢出去了。一開始寶寶還放不住，要鼓勵寶寶反覆去做。等寶寶找到竅門以後，就會做得樂此不疲。

4、經過上面的遊戲寶寶已經很熟練踢的動作了，接著就可以教寶寶用手扔毽子，用腳或腿接住並踢出去，這對寶寶來說有很大的難度。這就要求手、眼、腿達到協調。開始媽媽可以近距離扔給寶寶，讓寶寶用腳或者腿去接。開始時寶寶還是接不住，不是腿伸晚了，毽子掉在地上了，就是伸早了，半天毽子沒有落下來。寶寶很容易打退堂鼓，媽媽一定要鼓勵寶寶，想辦法讓遊戲繼續下去。媽媽示範一下，給寶寶一些要領。經過不懈的努力，寶寶終於很輕鬆地接住毽子而且踢出很遠，這時寶寶就可以自己拿著毽子踢了。看著毽子從自己腳上飛出去，寶寶總是很開心地笑笑，然後一蹦一跳地撿起毽子接著踢。

寶寶再長大一些，從一開始最簡單的踢毽子（直著腿把毽子踢出去），慢慢地學會可以連著踢了。

上下翻飛的雞毛毽子（4歲以上）

寶寶有了很好的彈跳能力，身體的靈活性也增強了，可以教寶寶踢毽子的基本花樣了。

1、準備毽子若干（備用），錄放音機一台，給寶寶播放輕鬆地音樂。

2、先從簡單的開始，媽媽先踢示範給寶寶看。

①單腳內側踢（也叫盤）：就是把腿向內側彎曲，用腳的內側踢。開始寶寶還不習慣，因為小時候可能都是直著腿踢的，現在把腿彎過來有難度，不過很快寶寶就適應了，而且比媽媽還要靈活。

②單腳外側踢（也叫拐）：就是把腿向外側彎曲，用腳的外側踢。因為有了內側踢的基礎寶寶很快就會外側踢了。

③雙腳內側踢：這個比前面的有了一定的難度，兩隻腳同時踢，這就要求寶寶反應快，雙腳要配合好。這隻腳踢出去，另外一隻腳立刻去接著，這時踢得越高越好。寶寶經過反

覆嘗試，很快就掌握了要領，踢得越來越好。

④雙腳拐踢：就是左腿向外側彎曲，用腳的外側踢，右腿向內彎曲用腳的內側踢。難度加大，更激起了寶寶的興趣，雖然寶寶踢得很吃力，不是左腳踢錯了，就是右腳忘了踢了，可是寶寶卻很開心，每一次踢錯，都會笑得前仰後翻。

⑤倒著踢1（也叫磕）：就是用右腳在左大腿後面用腳後跟踢，左腳原地跳起來。其實這一種玩法就是跳躍，是考驗寶寶的彈跳能力的。一定要眼疾腳快，否則是接不住毽子的。寶寶一連練了好幾遍，才成功接住。

⑥倒著踢2（也叫蹬）：就是右腳在左大腿後面用腳掌踢，左腳原地踏一步，這種跳法通常用於遊戲的結束，不能連續的踢，因為你蹬出去後本人是接不住的。

⑦用腳尖踢（也叫挑）：先用手直接把毽子放在腳尖上，用力向上一踢，藉助腳的力量把毽子拋向空中，等到落下來時再用腳尖使勁踢向空中。這種方法可以用做發毽子。這個比較簡單，寶寶原來就會，所以就要求媽媽接著教下面的。

⑧還有一種也是很簡單，就是用腳面踢（也叫繃），就是把腿向下彎曲，用腳面把毽子踢出去。

3、告訴寶寶，只有掌握熟練這些基本踢法，才可以和別人去進行比賽，無論多麼難的花樣都是這些動作的組合。接著讓寶寶從頭開始踢，把這些動作都連貫起來，複習一下。寶寶很輕鬆地一氣呵成，小毽子上下飛舞，就像一隻隻小燕子在寶寶腳上飛去又飛來。

快樂的踢毽子比賽（7歲以上）

按照踢法的不同，踢毽子比賽可分為記數賽、記時賽、花樣賽等幾種。選一個晴朗無風的天氣，和小朋友一起去野外踢毽子比賽。

1、準備五顏六色的毽子若干。找一個寬敞平坦的場地。

2、用剪刀、石頭、布選出一個做裁判的。

3、宣佈遊戲規則：

①比賽單腳踢，有八種踢法由易到難，有單腿踢、側踢、穿花、釣魚、打拐等等，每種踢法要踢八次，要一氣踢完，誰最快踢過，誰就是勝利者。

②這八種踢法不能顛倒，否則就算輸了。

③每種踢八次，不能多也不能少。

3、裁判宣佈比賽開始，幾個小朋友一起拿過毽子，很熟練地往空中一扔，用腳接住，開始先踢了一個單腿跳，嘴裡還唸唸有詞：「一鍋底，二鍋蓋，三酒盅，四牙筷，五釘錘，六燒賣，七蘭花，八把抓。」場面還真是熱鬧，就見五顏六色的「蝴蝶」上下飛舞，稚嫩、嘹亮的歌聲伴隨著孩子們快樂的笑臉，彷彿置身於美麗的花園中。

4、裁判在一旁兩眼圓睜，看看這個，瞧瞧那個，看看是不是有違規的。這時總是有失誤的，跳錯了或者接不住毽子的，陸續敗下陣來，只剩下幾個踢毽子高手在各逞其能。其他的小

朋友在一旁附和，有的激動地大喊：「加油！加油！」終於有人完整地跳完了，她停了下來，小臉紅紅的，氣喘吁吁。大家圍著這個勝利者歡呼雀躍，贏的人也像公主一樣，自豪地仰著小臉。比賽在孩子們的歡歌笑語中進入了下一輪。

5、還有一種比賽，用廢棄的飲料瓶裝上水，做為標誌物。每隔半公尺一瓶，通常五個瓶子以上。然後寶寶踢著毽子從瓶子之間穿過，誰最先過去且踢的次數多，而且沒有碰到瓶子，誰就是勝利者。難度增加了，趣味也增強了。

二、愛心爸媽的行動指南

*踢毽子要選平整的場地，以防摔倒。

*衣著要寬鬆，特別是褲子，這樣容易彎腿。

*鞋子最好是運動鞋，方便踢起毽子也不易扭傷腳。

三、這樣的遊戲千萬不要錯過噢！

1、踢毽子時要抬腿、跳躍、轉身等，鍛鍊了寶寶身體的各個部分，使關節更加柔韌，促進了血液循環和新陳代謝，有益於心臟健康。

2、踢毽子花樣多，不僅可以健腦，鍛鍊寶寶的思維能力，還能使寶寶精力高度集中，增強寶寶的隨機反應能力和判斷力。

3、在和小朋友的遊戲中，寶寶學會處理小朋友之間的關係，提高了社交能力，為寶寶將來進入社會打下了基礎。

4、小小的毽子，集娛樂和藝術於一身，魅力十足。要求心、眼、腳的統一協調，大腦反應靈敏，動作迅速快捷，相互配合達到心領神會。可以調節高級神經活動、化解心理壓力，調整心態，有效地防治了亞健康狀態。

5、小小毽子上下飛舞，身體各大肌肉群都要參與，使肌肉和骨骼的運動功能得到了鍛鍊，有效地預防了一些血液迴流障礙性疾病。

6、大家圍在一起，你一腳，我一腿，所有人的目光都在看著飛舞的毽子，所有人的責任感被挑動起來，所有人團結進取的精神也被激發出來。

遊戲20

去野外露營、探險

我們來聽聽小熊維尼的故事吧！

有一天，住在百畝森林的小熊維尼，唱著自己創作的歌曲，高高興興地去找他的好朋友克利斯多福．羅賓。克利斯多福．羅賓告訴維尼，大家要一起去北極探險。維尼不知道北極是什麼東西，好像克利斯多福．羅賓也不太清楚。於是維尼去通知了住在百畝森林的所有居民，大家做好準備，在森林的盡頭集合，組成了浩浩蕩蕩的探險隊。大家帶了糧食，克利斯多福．羅賓還帶了他的槍以防萬一。

維尼特別興奮，一邊走一邊唱他自己創作的歌曲。忽然克利斯多福．羅賓停下腳步，告訴維尼，他們正在一個危險的地方。原來他們來到一個山澗，周圍是高聳的岩石，一條彎彎曲曲的小河向前流著，克利斯多福．羅賓說這裡是埋伏的好地方。於是他們逆流而上，找到一塊平坦的草地，大家坐下來休息。大家緊張地議論著埋伏的事情，克利斯多福．羅賓告訴大家帶著沉重的東西行走太麻煩，讓大家把所有的東西都吃掉。然後克利斯多福．羅賓和小兔子離開了大家，克利斯多福．羅賓想從博學的兔子那裡知道北極是什麼。但是兔子也不知道，克利斯多福．羅賓只有按照他自己的想法，認為北極是棍棒之類的東西。這時小袋鼠因為在河邊洗臉掉在了河中，大家都在想辦法去救他。維尼和袋鼠媽媽站在下游，一起用竹竿攔住了小袋鼠，把小袋鼠救了上來。

克利斯多福．羅賓注視著維尼手中的竹竿，鄭重地向大家宣佈是維尼發現了北極，探險活動到此結束。最後，大家把竹竿插在地上，克利斯多福．羅賓在上面掛了個牌子，在上面寫著：

維尼在此地發現了北極。

回到了百畝森林的家中，維尼特別自豪，從此他成了百畝森林的名人。

探索和冒險是寶寶的天性，是他的第二大才能，只有勇於去探索，才會有新的發現。

讓你的寶寶去探險吧！說不定他就是第二個哥倫布哦！

一、開心玩遊戲

爬過「珠穆朗瑪峰」（1歲左右）

寶寶會爬了，已經邁出了他人生的第一步。

1、把地板鋪上地墊，把一些危險的東西收起來。

2、把寶寶放在地上，讓他任意去爬，媽媽只要注意看著，有什麼危險隨時保護。

3、寶寶坐下看了看周圍，發現了一個他喜歡了很久，卻一直沒有得到的小貓玩具。玩具放在沙發後面的桌子上，高高的沙發就是寶寶心目中的「珠穆朗瑪峰」。經不住玩具的誘惑，寶寶抬起小屁股，像一隻小狗爬到沙發邊緣，然後扶著沙發站起來，抬腿爬上了沙發，一屁股坐在沙發上，高興地看了看那個小貓，好像在說：「我很快就可以抱你了。」然後扶著沙發的後背站起來，伸手勾了勾，還差一點點，沒有勾到。寶寶看了看沙發，好像要找可以幫助他的東西，沙發上什麼也沒有，寶寶迅速爬到沙發的扶手上，然後小心翼翼地踩著扶手，爬到沙發的靠背上面。這是他第一次自己爬得那麼高，而且隨時有掉下來的危險，雖然有些害怕，但是看著就要到手的夢寐以求的玩具，就什麼也不怕了。

4、寶寶終於把他心愛的東西抓在手中，長長舒了一口氣，心滿意足地坐在桌子上，玩了起來。

這裡原來有捷徑（1～2歲）

寶寶已經會跑了，哪裡越不讓他去，他越好奇，越想過去看個究竟。

1、媽媽把一個寶寶喜歡的玩具放在一處隱蔽的地方。

2、在這個玩具外面故意設置一些障礙物，比如桌子或者板凳等等。

3、寶寶對於媽媽的舉動很好奇，當他發現玩具以後，快速跑過去，但是看著面前的障礙物很著急，要繞過這麼多的東西真是讓他等不及。忽然，他好像發現了什麼，蹲了下來，從椅子兩隻腳的縫隙拼命往裡擠，然後伸著小手去拿玩具，還差一點，他相信沒有什麼是做不到的，縮了一下身體，把腦袋先伸了出去，猛一使勁，整個身體都擠了出去，雖然碰的腦袋很痛，但發現捷徑的快樂，讓他忘記了疼痛。

這是我的世界奇蹟（2～3歲）

面對一大堆花花綠綠的積木，寶寶興趣盎然。

1、給寶寶準備一套積木，把圖紙扔掉，讓寶寶隨意去擺。

2、寶寶把很多積木亂亂的堆在一起，告訴媽媽這是阿里山。然後把很多積木搭在一起，倒了重新開始，費了好大勁，搭了一個高高的，歪歪扭扭的柱子，寶寶興奮地叫著：「媽媽快看，我的101大樓！」

3、寶寶把小的放在下面，大的放在上面，然後向上疊，很快就倒了，然後繼續，一點也沒有厭煩的情緒，他反覆嘗試著大人認為不可能的事情，終於大小穿插，一座綠藍相間的比薩斜塔建成了，這就是寶寶的世界第九大奇蹟。

去虛擬露營嘍！（3～6歲）

準備好物品，和寶寶進行一次虛擬旅行吧，這會是寶寶激動不已的事情。

1、拿一本旅遊書，在上面選擇一個寶寶嚮往的地方，比如非洲，那裡氣候惡劣，野生動物特別多，是探險的好地方。和寶寶一起討論那裡的氣候和地理狀況，探討需要帶的東西，和

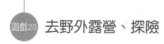

出現問題的解決辦法等等。

2、準備旅行用的物品：帳篷、帽子、衣服、水壺、毯子和手電筒……向寶寶詳細講解這些東西的作用和使用方法，然後放在大背包中。

3、在庭院或客廳搭起帳篷，讓寶寶展開想像，體驗非洲大草原寧靜的夜晚，進入虛擬露營。

真的去野外露營啊？（6～10歲）

夏天是野外露營的好時節，早晨天氣好極了，太陽露出火紅的笑臉，草地綠油油的，仔細看去，發現草尖上還頂著一顆顆晶瑩剔透的露珠，在陽光的映照下閃閃發光。邀幾個朋友帶著各自的寶寶去野外露營，孩子們一定會舉雙手贊成。

1、準備好露營用品：帳篷、手電筒、睡袋、寶寶的衣服、草帽，還有照相機，準備隨時為寶寶留下快樂的瞬間。

2、車子很快到達目的地（是大家事先選好的地點），寶寶們迫不及待地從車裡湧了出來，快樂地蹦啊跳啊！在不遠處有一條緩緩流過的小河，有人提議先去釣魚。

3、大家來到小河邊，這裡真美，河水清清，野花遍地，芳香撲鼻，蝴蝶、蜻蜓在花間飛舞。寶寶們高興地跑到花叢中，捉蝴蝶，捉蚱蜢。大人們忙著釣魚，有的寶寶過來幫忙撿魚，有的寶寶用蘆葦當魚竿，也有模有樣地坐在河邊垂釣。

4、中午時分，大家還真釣了不少魚，就地野炊，寶寶們去找乾樹枝和枯草，大人把火點起來，把魚用樹枝穿上，架在火上烤。寶寶們第一次參加野炊，雖然熱的滿頭大汗，卻特別高興，圍著火堆饞得口水直流。

5、野炊完畢，大家休息一下，接著去爬近處的一座小山，據說山上有一個神秘的山洞。一聽說有神秘的山洞，寶寶們來了精神，你拉我扯地向山上跑去。爬山是一項很好的運動，需要耐力，又需要體力。年齡小的寶寶漸漸地落在了後面，父母要不停地鼓勵他。

6、一到山頂寶寶們就忘記了疲勞，紛紛向山下大喊，孩子們稚嫩的聲音在山間久久迴蕩。遠遠地就發現真有一個山洞，稀疏的陽光透過樹林照進洞中，給山洞增加了幾分神秘感。大家小心翼翼地走進山洞，帶來的手電筒此時派上了用場，年齡大一點的寶寶，當嚮導在前面帶路。漆黑的山洞像迷宮一樣，有許多不同的通路，這時寶寶們總要爭論一番，最後意見一致，選出一條路，繼續前進。有的通路窄窄的，每個人都需要深吸氣，把胸和肚子弄成扁扁的，才能用力擠過去；正走著，忽然手電筒沒有電了，寶寶們在黑暗中相互喊著名字，摸索著跑到家長身邊，這時有人拿出備用的，大家順利從山洞中轉出來。

7、晚上，讓寶寶們參與討論選好了地點，然後開始搭帳篷。大人在一邊休息，寶寶們親自動手，費了好大勁，一個個帳篷歪歪扭扭的搭了起來。入睡前，大家舉行了營火晚會，寶寶們又唱又跳，興奮地久久不肯鑽進帳篷。由於是第一次在野外住，寶寶們既興奮又害怕，度過了一個難忘的夜晚。

二、愛心爸媽的行動指南

現代社會需要人們以積極的心態去面對生活，在不斷冒險中獲得黃金一樣寶貴的素質——勇敢。只有給寶寶適當的冒險機會，才能培養出寶寶的勇敢精神。

1、父母在寶寶面前的表現要大膽。特別是母親，有時看到老鼠都會大叫，寶寶也會被嚇得魂不附體。平時看到寶寶爬高一點就大喊大叫：「掉下來會摔死的！」慢慢的寶寶膽量越來越小。父母要讚賞寶寶勇於冒險的精神，同時告訴寶寶注意安全，在大人的保護下才能爬高。

2、正確引導和對待寶寶的冒險行為，多鼓勵寶寶去探索。困難、危險、失敗常常伴隨著寶寶的冒險行為，這些父母當然不願意看到，但是，如果父母因此而責備他們。寶寶就會變得不敢去探索，去冒險。

3、和寶寶一起做好冒險前的心理準備，從容面對孩子的冒險心理或冒險行為。教導寶寶如何應對突發事件的知識和技能，培養寶寶的自信心和膽量。

4、讓寶寶經常參加野外夏令營活動，不要把眼光老是盯在課業上。

三、這樣的遊戲千萬不要錯過噢！

1、探險帶給寶寶的是不斷嘗試之後的成功與快樂。

2、在探險的過程中，不畏艱險、相信自己、挑戰自我，使寶寶獲得寶貴的實踐經驗，體驗超乎想像的刺激。

3、探險不僅培養了寶寶的耐心，而且鍛鍊了寶寶的勇氣和膽量。

4、經過野外露營寶寶親身經歷、體驗野外生活，學習到很多野外生存知識，認識了一些基本的動、植物，鍛鍊了身體，提高了心理素質，增加了對突發事件的應變能力。

5、提高了寶寶獨立生活的能力，促進了與同伴之間的合作關係。

6、虛擬野外露營鍛鍊了寶寶獨立解決問題的能力和對事物的前期規劃能力。

遊戲21

丟沙包

「快點，快點，先砸旁邊那個，哎呀！不是，不是那個，是這個……」樓下傳來一陣吵鬧聲，還夾雜著一陣陣驚呼聲和笑聲。我好奇地推開窗子，伸頭向外看去。哦！原來樓下草坪上，一群小朋友在玩丟沙包遊戲。還真是熱鬧，我饒有興趣地看著，有兩個孩子站在兩邊，手裡拿著沙包，中間有三、四個孩子弓著腰，隨時準備對付突然襲來的沙包，周圍還有一群圍觀者。這時就看見其中一個孩子把沙包狠狠地砸向中間的一個人，沙包「嗖」的一聲飛了出去，被砸的孩子像一隻調皮的小猴子，輕輕一跳，沙包無奈地從他腳下溜走了。「哇」圍觀的人發出一陣驚呼。站在對面的孩子撿起沙包也迅速地向中間砸去，場上的氣氛變得緊張起來，沙包飛來飛去，中間的孩子東躲西藏，只見有一個孩子看著飛過來的沙包沒有去躲，而是眼疾手快來了個海底撈月，不偏不倚抓住了沙包。這個漂亮的動作，引來了一陣喝采聲。這時從圍觀的人群中跑出來一孩子，加入到了接沙包的隊伍，原來冒著被砸中的危險接住了沙包，是為了「救活」他的隊友。砸沙包的孩子懊惱地甩甩頭，更加用力投擲沙包。中間的孩子見沙包來勢洶洶，紛紛亂住一團，在砸沙包的兩個人密切配合下，不斷有人被沙包擊中，「中彈」退出戰場。最後只剩下一個小女孩，她弓著腰，眼睛死死地盯著隨時都會飛向她的沙包。只見沙包對著她的腦袋飛了過來，小女孩「刷」地蹲下躲開了，轉過臉迅速向後退去。還沒有站穩，對面的沙包又狠狠地向她的腿部砸來，她飛快地跳起來，沙包從她的兩腿間「呼」的一聲飛過，大家都驚呼著。在兩面夾擊下，她最後也是在劫難逃，「中彈」下場。

玩沙包是一項老少皆宜的遊戲，隨著天氣變冷，父母可以帶著寶寶在休息日或飯後到戶外玩沙包，既可以鍛鍊身體，還可以驅趕寒冷，真是一舉數得。

一、開心玩遊戲

快樂的小沙包（1～4歲）

準備沙包若干，五顏六色的氣球若干。到戶外找一平坦、陽光充足的場地。

1、扔沙包：把氣球掛在繩上或樹枝上，然後和寶寶一起向上拋沙包，比一比，看誰砸到的氣球多。媽媽要故意讓著寶寶。寶寶在不斷地練習中，扔得越來越高，而且命中率也高了。這時可以把氣球掛的再高一些，加大遊戲的難度。在玩的過程中媽媽要不斷誇獎和鼓勵寶寶，提高寶寶的積極性。

2、踢沙包：一開始把沙包扔在地上，讓寶寶自己踢來踢去。然後媽媽拿著沙包扔給寶寶，寶寶用腿或腳接住並踢出去。看寶寶可以連續踢出多少個，媽媽可以慢慢加快扔沙包的速度，提高寶寶的反應能力。還可以鼓勵寶寶接住沙包後連續向上踢，數一數可以連續踢幾個。然後兩腿交換的踢，左腿踢出去，右腿接住，右腿踢出去，左腿接住，鍛鍊兩腿的靈活性。

3、頂沙包：在地上畫一條直線，讓寶寶把沙包頂在頭上，然後沿著直線小心翼翼地走，既不要讓沙包掉下來，也不要走到直線的外面。寶寶走熟練以後，可以畫一個大圓圈，讓寶寶頭頂沙包沿著圓圈走。媽媽可以和寶寶一起玩遊戲，比一比看誰堅持的時間長，增加寶寶的遊戲興趣。大一些的寶寶可以增加遊戲難度，把兩臂伸開，拿兩個沙包分別放在手臂上，然後沿直線走。

4、夾著沙包跳躍：用兩腳或兩腿夾緊沙包，像隻小青蛙一樣連續向前跳躍。媽媽和寶寶從同一地方開始跳，比一比，看看誰跳的遠，而且沙包不會掉下來。

5、運沙包：在地上鋪上地墊，媽媽和寶寶一起帶上小刺蝟的頭飾，趴在地上，把沙包放在背上，玩小刺蝟運果果的遊戲，看誰運的果果多，而且速度快。同時，要一點一點增加寶寶背上的沙包數量。

6、抓沙包：用手心拋起沙包用手背迅速的接住沙包，然後用手背拋出用手心接住，反覆練習，看誰接住的沙包多，也可以兩隻手同時進行。兩個沙包上下翻飛，寶寶往往手忙腳亂，不過很快就會熟練，掌握了竅門。大一些的寶寶，可以用三個沙包在桌子和兩手間循環著扔起然後接住。

7、丟沙包：在地上畫一大圓圈，爸爸、媽媽站在裡面，寶寶用沙包砸向他們，擊中爸爸、媽媽，寶寶就贏了，爸爸、媽媽要掌握時間，故意讓寶寶擊中。不要時間太長，老是擊不中

爸爸、媽媽，寶寶會有失敗感，失去對遊戲的興趣。這個遊戲也可以讓寶寶站在圈裡接沙包或躲沙包。

逃命要緊啊！（5～10歲）

寶寶大了，已經不滿足和父母在一起做那些「小兒科」的遊戲，更喜歡和同齡的孩子玩耍。寶寶們聚在一起，通常喜歡玩「捉犯人」。

1、在地上畫一個大圓圈當做監獄（畫地為牢），然後透過抽籤或者「剪刀、石頭、布」選出一個「犯人」，這個選中的人可就慘嘍，被關在了圈子中間。

2、一聲「開始」，圈外所有的人，都用沙包砸向他，沙包像雨點一樣，鋪天蓋地砸過來，「犯人」只有招架之功，沒有還手之力，上竄下跳，左躲右閃，像一隻八腳章魚手腳狂舞。只要接住沙包他就可以衝出牢獄，獲得自由。可是要想成功逃脫牢籠，既需要少林抗擊打的硬功夫，還要有武當的跳躍輕功，最要緊的是要有孫悟空眼觀六路、耳聽八方的本領。

4、隨著「犯人」接住沙包，提前出獄，遊戲告一段落，重新選「犯人」，進行下一輪遊戲。

快樂第一，比賽第二（8歲左右）

沙包比賽通常都非常激烈，不分男女。但是年齡小的寶寶，跑的慢，反應也跟不上，往往會扯團隊的後腿，所以大一點的寶寶不會讓他們參與。

1、用手心、手背的方式平均分成兩個小隊，然後「石頭、剪刀、布」，贏的一方為攻方，輸的就是防守的了。

2、在地上畫一長方形，根據參加的人數多少，通常長10公尺左右，寬5公尺左右，如果人多寬度可以增加。

3、宣佈比賽規則：

①防守方必須在長方形內，在躲沙包的過程中，不能踩線和出線。

②被沙包擊中而沒有接住沙包者，和踩線、出線者都算輸了，必須出場。

③進攻方的人必須站在長方形短邊兩頭擲沙包，不許進入線內，否則就是犯規，要扣1分。

④防守方每接一個沙包算1分。等到所有隊員被清出場，另外一隊進場，最後看哪個小隊得的分數多就是獲勝者。

4、比賽開始，防守方的人全部進入長方形區域內，進攻方推薦出兩個人，站在場外向場內擲沙包。防守方的人要反應快，動作靈敏，既要不被快速飛來的沙包擊中，還要盡一切可能

去接住沙包。如果想成功接住沙包，一要盡量迅速向後退，加大沙包的投擲距離，既減小了沙包的衝力，也給自己贏得了時間；二要盡量彎下腰，兩手抱在胸前，既減小了被沙包擊中的面積，也做好了隨時接住沙包的準備。

5、投擲方也要有技巧，既要讓沙包擊中對方，還要防止被對方接住。首先要講究策略，聲東擊西，讓對方措手不及；二要加快投擲的速度，盡量向下或向上砸，讓對方難以接住；三要撿起沙包不選擇目標，直接投給對面的自己人，贏得時間，讓對面的人出其不意地進攻。

6、比賽進行中，男孩子們這時盡顯英雄本色。防守的一方每接住一個沙包，都贏得掌聲一片；進攻的一方前手高舉，後腿抬起，不亞於當今的鉛球冠軍，姿態優美，動感十足。

手把手教你做沙包：

1、花花綠綠的碎布，用剪刀剪成六塊長大約5～10公分的正方形。

2、用針線把其中的四塊布一個接一個縫在一起，縫成一個長方形。然後把這個長方形的兩個短邊縫在一起，就成了一個四方形的筒。

3、用剩下的兩塊布把筒的上下兩個蓋縫上，縫的時候要注意，布的四個邊對齊然後縫在一起，這樣沙包才工整、漂亮。留一個小口向裡面裝東西，裝完後再縫上。

4、最後在沙包中裝上米、豆類等。

這樣一個漂亮實用而且環保的沙包就做好了，根據自己的喜好可大可小。也有比較簡單的，就是用布直接縫一個袋子裝上東西即可。

二、愛心爸媽的行動指南

沙包的內填物應為細沙或米，切勿填充殺傷力更大的豆類或石頭；為保護兒童，規則應規定擊中肩以下或腰以下才得分，若有意襲擊對手頭部，算本方失1分，投擲者必須「犧牲」。

三、這樣的遊戲千萬不要錯過噢！

1、透過玩沙包遊戲可以鍛鍊寶寶的耐力和身體平衡能力。

2、提高了寶寶的全身協調能力，鍛鍊了彈跳、奔跑能力，以及上肢向外投擲的爆發力。

3、在和小朋友們一起玩耍中，進行了創新遊戲，鍛鍊了寶寶的大腦，提高了寶寶的思維能力。同時，也讓寶寶認識到朋友相互協助的重要性，進而促進了寶寶的社交能力，獲得意想不到的快樂。

4、丟沙包需要眼疾手快，這樣就提高了寶寶的手眼協調能力，有利於培養寶寶敏捷的反應能力，提高了身體的靈活性，增強身體素質。

5、在不斷投擲過程中，充分鍛鍊了寶寶的手臂靈活性和上肢肌肉的力量。

6、在比賽中，激發了寶寶的競爭意識，而且使寶寶在遊戲中學會了遵守規則，培養了團隊精神和榮譽感。

遊戲22

老鷹捉小雞

在很久以前，有一座非常陡峭的山峰，在山上有一個石洞，洞裡住著鷹媽媽和她的寶貝兒子小鷹。在山洞旁邊的樹林裡住著山雞媽媽和她的兩個孩子，她們兩家和睦相處，是非常要好的鄰居。

有一天，小鷹忽然得了一種怪病，眼看著奄奄一息。這可急壞了鷹媽媽，怎麼辦呢？這時山雞媽媽提醒她，啄木鳥是遠近聞名的神醫，可以去請他來看看。鷹媽媽如夢方醒，把小鷹拜託給山雞媽媽照顧，就急急忙忙地去請啄木鳥醫生了。可是啄木鳥告訴鷹媽媽，他只會給樹看病，他推薦鷹媽媽去找蠍子醫生，蠍子醫生善於以毒攻毒，有起死回生之術。鷹媽媽又風風火火地去找蠍子醫生，蠍子醫生請她放心，一定可以治好小鷹的病，不過鷹媽媽要去把藥採來。

鷹媽媽一聽喜出望外，寶貝兒子終於可以獲救了，她馱著蠍子醫生帶著藥箱飛到了家中。此時，山雞媽媽正在照顧小鷹，鷹媽媽放下蠍子醫生就急忙去採藥了。等她採好藥回到家卻嚇呆了，她的寶貝兒子一動也不動，已經死了。鷹媽媽撲在兒子身上嚎啕大哭，她忽然想起山雞媽媽和蠍子醫生怎麼都不見了？於是，鷹媽媽忍住悲痛，到她的鄰居山雞家問個清楚，她看見山雞媽媽和她的兩個孩子正開心地玩呢！她問山雞媽媽有沒有看到她請來看病的蠍子醫生，山雞媽媽一聽蠍子醫生，當時滿面通紅，語無倫次。鷹媽媽好像明白了什麼，當她在山雞家的院子後面發現了蠍子醫生的小藥箱後，她的猜測得到了證實：是山雞一家偷吃了蠍子醫生。鷹媽媽氣壞了，她要為她的寶貝兒子報仇。她猛然揮動翅膀，拼命向山雞一家撲去。山雞們嚇壞了，大叫著逃進了樹林中。

從此以後，鷹媽媽一見到山雞一家，就拼命地撲向她們，山雞媽媽也誓死護衛著她的孩子。

傳說歸傳說，不過老鷹捉小雞的遊戲還真是其樂無窮，百玩不厭。暖暖的陽光，綠油油的草地，一群嬉笑奔跑的孩子，構成了一幅美麗的圖畫。何不讓你的寶寶也成為圖畫中的一員呢？

一、開心玩遊戲

聰明的雞寶寶（1～2歲）

寶寶會走路了，可以和寶寶玩老鷹捉小雞的遊戲，因為沒有玩過，寶寶特別好奇。

1、準備一隻小雞的頭飾，一隻母雞和一隻老鷹的頭飾，一個塑膠圈，一些彩色的紙條。

2、媽媽戴母雞的頭飾，給寶寶戴一個小雞的頭飾，然後媽媽說：「今天天氣真好，寶寶跟媽媽去草地捉蟲子吧！」然後媽媽伸開兩臂，模仿雞媽媽向前跑的動作，寶寶也會跟在媽媽後面向前跑。

3、跑了一會兒，媽媽蹲下，用手撿起地上的紙條，媽媽：「寶寶快來，這裡有好多小蟲子，快來捉啊！」寶寶也蹲下撿紙條。

4、這時爸爸戴老鷹的頭飾出現了，手裡拿著塑膠圈，媽媽焦急地喊：「寶寶快跑，有一隻鷹來了，手裡還拿著網，想要捉走你。」

5、爸爸拿著塑膠圈去套寶寶，寶寶這時迅速跑到媽媽懷中，在雞媽媽的保護下老鷹是捉不走小雞的。媽媽：「我們還有什麼辦法不被老鷹捉到呢？」鼓勵寶寶發揮想像力，想出好辦法。寶寶：「我們蓋個房子，老鷹來時就進到裡面，老鷹走了，我們再出來玩，好嗎？」媽媽稱讚寶寶真聰明，然後在一邊畫一個圈當房子。

6、遊戲重新開始，雞媽媽帶小雞在外面玩，這時老鷹來了，寶寶飛快地跑回圈中，爸爸在後面追著用塑膠圈套，等寶寶一進入圈裡，爸爸就不能套了。寶寶高興地在圈內大叫：「老鷹，老鷹，你捉不到我。」反覆做這個遊戲，寶寶會特別興奮。

勇敢的雞媽媽（3～4歲）

秋高氣爽，空氣清新，這是帶寶寶到戶外玩遊戲的好時節。選一個陽光明媚的日子帶寶寶出去親近大自然，找一塊平整寬敞的草地，和寶寶玩老鷹捉小雞的遊戲。

1、爸爸是老鷹，媽媽當雞媽媽，寶寶順理成章的是雞寶寶了。

2、遊戲總是要有規則的：

①老鷹只許捉雞寶寶，不許捉雞媽媽。

②雞媽媽負責保護雞寶寶不被老鷹抓走。
③雞媽媽和雞寶寶蹲下老鷹就不能捉了。
④捉到雞寶寶老鷹勝，捉不到雞寶寶老鷹認輸。

3、遊戲開始，雞媽媽兩腿叉開，兩臂伸直，緊緊護著身後的雞寶寶。雞寶寶緊緊抓住雞媽媽的衣服，藏在雞媽媽身後。老鷹在前面左晃右晃，尋找可趁之機。突然，老鷹一個急轉身，猛然地從雞媽媽的側面撲向身後的小雞。雞媽媽反應真快，迅速轉身擋住了老鷹的利爪。老鷹連續發起了進攻，從上、下、左、右去捉雞寶寶，雞寶寶在媽媽身後左躲右閃，不時發出一陣陣驚叫。老鷹的一次次進攻都被勇敢的雞媽媽擋回去了，一計不成老鷹又生一計，裝作垂頭喪氣的樣子，蹲在地上。氣喘吁吁的雞媽媽和小雞也趁機休息一下，喘口氣。老鷹看到雞媽媽放鬆了警戒，突然站起來，從雞媽媽的翅膀下撲向小雞，雞媽媽急中生智，立刻就地蹲下，雞寶寶也跟著蹲了下來，終於轉危為安。

4、老鷹在做了種種努力後，終於洩氣了，舉手投降。雞媽媽和雞寶寶經過機智、勇敢的戰鬥，最後取得了勝利。

盡顯老鷹本色（5～10歲）

玩老鷹捉小雞嘍！一會兒的工夫就能召集十幾個小朋友。樓下的草坪上是最好的遊戲場所，厚厚的草地，摔倒了也不痛。

1、大家推薦一個人當老鷹，誰最高最胖誰就是雞媽媽，剩下的都是小雞，當然個子最矮的排在最後面，也是老鷹的第一個目標。

2、宣佈遊戲規則：

①老鷹只許捉小雞，不許捉母雞。

②老鷹要從最後一個小雞捉起，不許先捉前面的。

③根據人數制訂進攻的次數，人多進攻的次數就訂多一些。

④在規定的次數中捉到小雞老鷹勝，捉不到小雞，雞媽媽和小雞獲全勝。

3、遊戲開始：老鷹瞪著眼，一幅兇神惡煞的樣子，雞媽媽伸開雙臂，緊緊盯著老鷹，注意他的一舉一動。小雞們一個緊緊捉住另一個的衣服，排成了長長的一串。最後面的小雞驚恐萬分地盯著老鷹，他是老鷹利爪下的第一塊肥肉。排在中間的孩子現在很有安全感，有恃無恐地扮著各種鬼臉。

4、老鷹忽左忽右，發起猛烈進攻，不過想捉到小雞還要過母雞這一關。母雞總是攔在他前面，竭盡全力保護身後的小雞。無奈小雞的隊伍太長，就像一列火車，在跟著雞媽媽左躲右閃中，很容易暴露在了老鷹的利爪下。老鷹眼疾手快，一個箭步跑到隊伍最後，一把捉住小雞。

5、丟失了一個孩子，母雞氣急敗壞，急忙重整隊伍。老鷹總結經驗再次發動進攻，母雞忽前

忽後，後面的小雞卻疲於奔命，難免有脫隊的，老鷹抓準機會，一個餓虎撲食，又一隻小雞落入鷹爪。

6、過了一段時間，母雞漸漸體力不支，老鷹趁其不備，從其臂下鑽入隊伍，雞群一陣大亂，小雞嚇得四散逃竄，可想而知又一隻小雞「犧牲」了。母雞竭盡全力做著垂死掙扎，但最後也是全軍覆沒。

一場遊戲下來，孩子們肚子笑痛了，嗓子喊啞了，腿也跑瘦了，得到的卻是驚險後的開心和滿足。

哈哈！老鷹也有被捉住的時候（5歲以上）

幾個天真可愛的孩子，組成了老鷹捉小雞的隊伍。

1、選出老鷹和母雞，剩下的全是小雞。

2、遊戲規則：

①老鷹只能捉小雞，不能騷擾母雞，要從最後一隻小雞捉起。

②小雞在母雞的保護下，可以利用衣服等物品去捉老鷹。

③捉住小雞，老鷹變母雞，小雞變老鷹，母雞變小雞。

④捉住老鷹，老鷹繼續做老鷹。

3、遊戲開始：老鷹張牙舞爪撲向雞群，母雞張開雙臂擋住老鷹的去路，後面的小雞躲在媽媽的身後，跟著左右擺動。隊伍最前面的小雞摟著母雞的腰，後面的一個抓著一個，排成長長的一隊。

4、在老鷹一開始的進攻中，前面的小雞是安全的，老鷹的目標是最後一隻小雞，這就給前面的小雞抓老鷹的機會了，有幾個孩子把衣服脫掉拿在手中。在老鷹伸出手臂來捉後面的小雞時，他們趁其不備，緊密配合用衣服把老鷹包住。

5、幾隻小雞把兇狠的老鷹按倒在地，大家歡呼雀躍，慶祝勝利。

老鷹捉小雞的遊戲有很多玩法，可以有多隻母雞來保護小雞，小雞四散跑開，但是有一定的活動範圍。也可以有自己的家，小雞既可以在母雞的保護下，也可以跑進家中躲避。父母要鼓勵寶寶積極動腦，發明新的遊戲玩法。

二、愛心爸媽的行動指南

＊遊戲場地一定要平整，以防寶寶在奔跑中跌倒。

＊最好選擇在戶外草坪，這樣跌倒不會摔傷。在家中玩時，一定要選擇寬敞的地方，清理好一切危險的物品，地板要鋪上地墊。

＊給寶寶換上有利於奔跑、跳躍的衣服和鞋子。

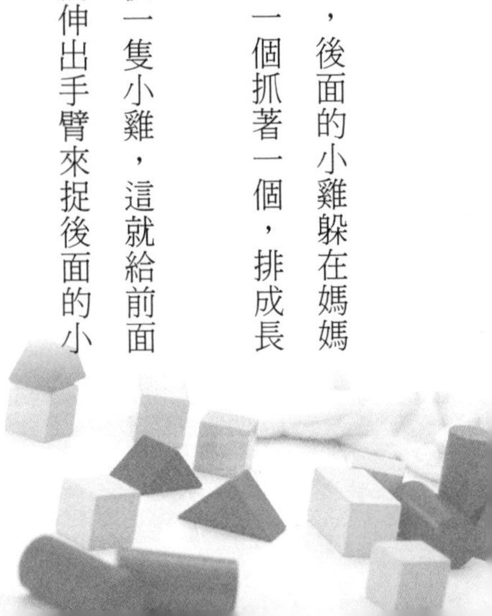

＊遊戲時要提醒寶寶注意安全，小朋友們不要相互亂撞，以防撞傷。

三、這樣的遊戲千萬不要錯過噢！

1、透過遊戲，寶寶活潑好動的天性得到了釋放，在享受遊戲帶來的快樂的同時，身體得到全面的鍛鍊。

2、在遊戲的過程中，寶寶逐漸有了團隊意識，懂得合作的重要性，認識到只有精誠合作，機智勇敢，才能與強大的敵人做抗爭，取得最後的勝利，進而提高了寶寶的奮鬥精神。

3、在遊戲中，各個角色都要有明確的判斷力，身體要做出相對的反應，既益智又健身。

4、在奔跑、跳躍和左躲右閃中，鍛鍊了寶寶的身體平衡能力，和全身各器官的協調配合能力。

5、在遊戲中鼓勵了寶寶的創新精神並且養成良好的合作與競爭意識。

遊戲23

打陀螺

相傳在虛擬的未來世界中，居住著七位勇敢的勁爆戰士，他們透過勇敢戰鬥，擁有了七個寄居著強大聖獸的勁爆陀螺。這些勁爆陀螺威力無比，為他們贏得了大量的財寶，這些勁爆戰士把財寶藏在一個荒蕪人煙的小島上。很多人都對寶藏垂涎三尺，千方百計想得到。但要打開寶藏的大門必須找到那七個勁爆陀螺，而且要把七個陀螺按照北斗七星陣的排列方式排在一起。以老練的巴斯為首的黑暗組織，制訂了嚴密的搶奪計畫，並進行了大規模的搜尋行動。一群機智勇敢的陽光少年在雲曉虎的帶領下與邪惡勢力展開了驚心動魄的陀螺大戰。他們使用流落在民間的三個勁爆陀螺，在戰鬥中把自己歷練成真正的勁爆戰士，呼喚出寄居在陀螺中的強大聖獸，爆發出勁爆陀螺的必殺技，打敗了黑暗組織，最終以他們的勇敢和智慧戰勝了邪惡。

看著小小的陀螺在飛速地旋轉，你一定會想，它為什麼不會倒呢？在孩子們的眼中，陀螺的旋轉更是有趣而神秘。

一、開心玩遊戲

這麼漂亮的是什麼東東啊？（5個月～2歲）

寶寶這時喜歡看顏色鮮豔的東西，而且對所有移動的東西感興趣。

1、準備一個帶有七彩小燈，而且會發出聲音的陀螺。

2、媽媽抱起寶寶，爸爸把陀螺放在地上並抽打陀螺，使陀螺旋轉起來。隨著陀螺快速旋轉，小燈亮了，發出絢麗多姿的彩光，整個陀螺像一個漂亮的七彩球，發出嗡嗡的響聲。寶寶高興得手舞足蹈，小腦袋跟著陀螺轉來轉去，他很好奇，不知道這個會響的東東，到底是什麼。

3、大一些的寶寶也會對陀螺感興趣，媽媽可以讓寶寶仔細的觀察一下沒有轉動的陀螺，然後讓陀螺轉動起來，問寶寶：「陀螺沒轉之前和轉動以後有什麼不同呢？」這會激發寶寶的探索慾望。他很好奇，明明是一個黑黑的東西，轉起來怎麼是七彩的，為什麼爸爸拿鞭子打它，它就會轉呢？媽媽可以告訴寶寶，因為陀螺裡安裝了彩燈所以會發出彩色的光，還要解釋陀螺轉起來發出聲音的緣由。

經常玩陀螺，隨著寶寶慢慢長大自然就會找到答案。

我也會做陀螺了（2～3歲）

自己做的陀螺玩起來會更有意思。

1、為寶寶準備一張用圓規畫好三個圓的卡紙、色筆、剪刀、膠水、牙籤。

2、讓寶寶用剪刀將圓剪下，並畫上寶寶喜歡的圖案。

3、把三個圓用膠水重疊黏在一起，然後壓平，媽媽可以提示寶寶怎麼去做。

4、在圓的中心點，鑽一個小孔，把牙籤尖頭向下穿過小孔，一個簡單又美觀的紙陀螺就做好。

5、陀螺做好了，媽媽先示範給寶寶看：讓陀螺尖頭向下，用大拇指和食指緊緊地抓住牙籤的頂端，輕輕一撚迅速放在桌上，陀螺很平穩地立在桌上旋轉起來。寶寶也模仿著媽媽做一遍，一開始可能因為力度不夠轉不起來，或者轉的時間很短。要鼓勵寶寶反覆去做，很快他就會掌握要領。

6、讓寶寶把陀螺的轉軸（就是牙籤），向上拔出一些，觀察一下陀螺有什麼變化。細心的寶寶就會發現，轉軸的下面越短，陀螺轉得越穩，而且轉的時間也越長。

7、生活中很多東西都可以當做陀螺，媽媽要誘導寶寶仔細觀察，勇於發現。有一天寶寶會告訴妳，我的皮球也是陀螺，然後讓皮球原地旋轉；還會發現電池也可以旋轉，還有果凍盒、吃過的零食盒子等等。這些看似簡單的東西，寶寶卻透過自己的探索發現了它的獨特

之處。寶寶把他身邊可以旋轉的東西都叫做陀螺，而且取了很多好聽的名字，什麼不倒翁陀螺、音樂陀螺……

被打跑的陀螺（4～6歲）

你相信嗎？你的寶寶也能打轉陀螺了。給寶寶準備一個小鞭子和一個木頭陀螺。

1、媽媽先示範，把鞭子上的繩子在陀螺的腰上纏幾圈，然後把陀螺尖頭向下放在地上，左手扶著陀螺，右手迅速抽出鞭子，陀螺像一個漂亮的芭比娃娃圍著媽媽飛快地旋轉起來，有時還會淘氣地向遠處飛去。媽媽用小鞭子一抽，陀螺又聽話地轉回來了。寶寶在一旁圍著陀螺轉圈，迫不及待地想親手試一試。

2、寶寶拿起陀螺，模仿媽媽的樣子，費了半天勁把繩子纏在陀螺上，可是還沒有等到拉繩，繩子就脫落下來。媽媽告訴寶寶繩子要纏緊，寶寶重新纏好繩子，照著媽媽的樣子，把陀螺放在地上，抓住鞭子使勁一拉，陀螺像個醉漢，歪歪斜斜地跑了幾步，賴在地上不動了。

3、媽媽告訴寶寶，兩隻手要配合好，在一隻手鬆開陀螺的同時，另一隻手要迅速拉繩子。寶寶按照媽媽的話，又試了幾次，陀螺終於聽寶寶的指揮，穩穩地轉動起來。眼看陀螺就要停下來，媽媽說：「寶寶，快用鞭子打它，要不它就偷懶不動了。」寶寶舉起鞭子，

「啪」的一聲打了過去，陀螺立刻靜止不動了。寶寶：「哇！陀螺被我打死了！」媽媽哈哈大笑：「你打錯方向了，要按順時針抽打，陀螺被你打的暈頭轉向，不死才怪。」不過，寶寶進步真快，再重新來一次。

4、寶寶總結經驗，很輕鬆地就讓陀螺穩穩地轉了起來。旋轉的陀螺像一個跳天鵝湖的小女孩，漂亮沉穩。在陀螺放慢速度時，寶寶用鞭子輕輕一抽，它就像一個聽話的孩子，跳得更快樂了。

你參加過如此激烈的陀螺大賽嗎？（6～10歲）

比賽總是激動人心的，既可以娛樂也可以鍛鍊身體。先找一塊平整的場地叫來幾個要好的小朋友，大家進行一場陀螺大戰。

1、每人準備一個陀螺，多了更好，可以備用，在地上畫一個大圓圈。

2、比賽規則：有些規則可以自己訂，只要大家都同意，共同遵守就可以。

①比賽的隊員同時把自己的陀螺打到圓圈中。

②誰的陀螺先倒地或者被別的陀螺擊出圓圈就算「死」了，退出比賽。

③最後剩下的陀螺獲勝。

3、大家圍著圓圈，弓著腰，兩腿叉開，一手拿鞭子，一手夾著陀螺，神情專注。一聲「開

始」，多條鞭子同時抽出，一個個陀螺就像蛟龍出海，疾速向前衝去，你追我趕，互不相讓，猛烈地撞擊著。還沒有到達圓圈的中央，就有一些生命短暫的陀螺，倒地犧牲了，陀螺的主人不得不惋惜著退出戰場。

4、這時圍觀的人群禁不住的發出一陣陣歡呼聲，就看到一個被稱為「戰地雄鷹」的紅色陀螺橫衝直撞地向中間飛去，一路過關斬將，將身邊的陀螺撞得七零八落，飛向圈外。有一個藍色的陀螺，像一隻猛虎撲了過來，向紅色陀螺發起進攻，比賽更加激烈。兩個陀螺猛烈地碰在一起，紅色陀螺抖動了一下，在大家的驚叫聲中，又平穩的繼續旋轉了。藍色陀螺卻被撞得踉踉蹌蹌，橫著滾了出去，倒地而亡。

5、遊戲在激烈地進行著，頑強戰鬥到最後的成為勝利者。往往比賽結束後，倖存的陀螺也是傷痕累累。

陀螺比賽有很多種方式，兩人以上就可以進行，比如分邊、畫圈、臭頭雞仔、釘甘樂、打過溪、套圈比賽等等，父母可以抽出時間陪寶寶一起進行比賽，親自體驗一下其中的樂趣。

教你一手：

1、陀螺的打法。

①平行打法：彎下身子，從身體後面，抓住繩子的一端把陀螺扔到前方，然後快速把繩子往後一拉，陀螺就會平穩的沿著地面快速向前旋轉。

②豎直打法：抓住繩子的一端把陀螺舉過頭頂然後用力向地下一拋，陀螺就會從天而降快速旋轉起來。

2、準確投擲陀螺的小竅門。

①繩子的纏法：陀螺的尖部向上，用右手按順時針方向在陀螺的腰部纏繞，繩子的最後留一小段，打個結，以供抓住繩子（或者纏手指上）。

②手抓陀螺的方法：陀螺尖部朝上或左，用大拇指、食指、中指輕輕拿著陀螺頂部。

③向外拋法：拋出陀螺的遠近是由繩子加手臂的長度來決定的，握著陀螺的手臂朝著目標方向拋出，陀螺拋出後中指指向目標處。用力要恰到好處，這就要看一個人的經驗如何了。

二、愛心爸媽的行動指南

＊將陀螺設計成教育用品，圖卡置於陀螺上，透過轉陀螺的遊戲，辨認圖卡上的圖案、顏色或數字以訓練寶寶的眼力及專注力。

＊運用不同的彩繪顏料與方式，呈現不同的鄉土民情，旋轉時混合的美感，可成為典藏的珍品。

三、這樣的遊戲千萬不要錯過噢！

1、透過陀螺遊戲可以鍛鍊寶寶的眼神敏銳度，激起寶寶的探索慾望。

2、透過自己做陀螺，提高了寶寶的動手、動腦能力和對身邊事物的觀察能力。

3、透過學習打陀螺，寶寶的手臂和手腕的關節更加靈活，在鞭打陀螺的過程中，寶寶的胸肌、肱三頭肌、三角肌都得到了很好的鍛鍊，也拉伸了韌帶，使整個上半身得到很好的鍛鍊。

4、在陀螺比賽中，寶寶有了競爭意識，而且樹立了頑強的奮鬥精神。

5、在不斷地學習抽打陀螺中也鍛鍊了寶寶的耐性和恆心。

遊戲24

跳房子

跳房子遊戲有的地方稱為跳格子、跳方陣、踢瓦等。你可能不會想到，這是一種全球性的兒童遊戲。在古代羅馬就遺留下了鑲嵌在地面上的類似跳房子的圖案，在電影中，你也可能見過十八世紀歐洲就有玩跳房子的。中國要晚一些，大約出現在二十世紀，房前屋後的空地，上學經過的小路，用樹枝一畫，撿起一顆小石頭或瓦片，就可以讓孩子們玩上半天。一邊跳，一邊還俏皮唱著「八月十五月兒圓，我和朋友去跳房，樹枝不動颳大風，颳得麵包漫天飛，颳得火車飛空中……」

天氣漸漸變涼，跳房子無疑是既娛樂又取暖，還是健身的好運動了。帶著你的寶寶到大自然中來，在跳房子中飛簷走壁、穿房越脊，體驗大功告成後的快樂吧！

一、開心玩遊戲

好漂亮的房子啊！（1～2歲）

寶寶會蹣跚走路了，總是像收不住腳一樣，跌跌撞撞地奔向前面，這時和寶寶玩跳房子遊戲，只能是「走房子」。

1、準備彩色粉筆，一個寶寶喜歡的玩具，還有輕鬆的音樂。

2、用彩色粉筆畫出有五條橫線的彩色房子，在第一個長方形裡加一條豎線，變成兩個同樣的小長方形，用不同的顏色寫上數字1、2，在第二個長方形寫3，第三個長方形變成兩個小長方形，分別寫4、5，最後一個長方形寫6，然後在寫6的長方形外面畫個半圓，做房頂，一個漂亮的房子就畫好了，把寶寶的玩具放在半圓裡。

3、遊戲開始，媽媽告訴寶寶，這是一座美麗的大房子，裡面有很多小房間，寶寶的玩具在房子的頂上，要想得到玩具，就要穿過一個個小房間。媽媽先做示範給寶寶看，把兩隻腳分別放在1和2中，接著一起放在3中，然後再分別放在4、5中，最後一起放在6中，拿起玩具，按原來的路線返回。不得走錯，也不許踩到線。

4、年齡小的寶寶開始會直接跑去把玩具拿回來，媽媽要不斷地鼓勵寶寶按規則去做，只要成功了，媽媽就要給寶寶獎勵（親親寶寶或者緊緊抱住寶寶誇一誇），慢慢地寶寶就會發現其中的樂趣。經常玩可以鍛鍊寶寶身體的平衡能力。

2歲左右的寶寶就可以雙腳一起跳離地面了，媽媽可以讓寶寶雙腳一起跳過小房子去拿玩具了。在玩的過程中媽媽教導寶寶一邊跳一邊認識數字1、2、3、4、5、6。

我也能跳到「天堂」了（3～5歲）

寶寶會金雞獨立了，而且能單腳站立好長時間，玩跳房子嘍！寶寶一聽可高興了。準備沙包兩個，一些彩色粉筆。

1、用粉筆在地上畫出六個格的房子，格子可以隨意設計，從近到遠依次寫上數字1～6，在格子的最後面畫個半圓做「天堂」。

2、遊戲規則：

①一共三關，第一個通過三關的就是勝利者。

②在跳的過程中不能踩到線。

③單腳跳的時候，另外一隻腳不可以放到地上，只有到「天堂」才可以雙腳著地休息，然後原路返回。

④夾著沙包跳的時候，若在某格沙包掉地，可在下一輪時，從掉沙包的那一格跳起。

3、遊戲開始，第一關是用手抱著一隻腳，另外一隻單腳向前跳。比一比看誰先通過，寶寶先開始，他跳了一半就有點堅持不住，左晃右晃猶豫了半天，爸爸、媽媽在一旁大聲喊加油，終於堅持到「天堂」裡，雙腳著地休息，然後交換抱另一隻腳往回跳。爸爸告訴寶寶：「連續跳，一鼓作氣跳到終點，速度一定要快而且穩，注意腳下不要踩到線，如果跳的慢了，就會越跳越累。」寶寶在爸爸的指導下很快跳到了起點，輕鬆過了第一關。

4、第二關開始，寶寶用腳緊緊夾住沙包，從第一格跳進第二格，迎來一陣掌聲，在跳進第三格時用力過猛踩到了線上，寶寶退出。媽媽從頭開始，一會兒就過了第一關，緊接著就追上了寶寶，寶寶在一旁巴不得媽媽立刻失誤，換自己上場。看到寶寶抓耳撓腮的樣子，媽媽故意掉下沙包。寶寶高興得大叫：「該我跳了！」有了上次失敗的教訓，寶寶每跳一關都細心的衡量一下，不要跳太遠，也不要太近，夾著的沙包也不敢放鬆，費了九牛二虎之力，終於過關了，寶寶興奮地舉臂歡呼。

5、要過第三關了，這也是最難的一關。寶寶伸開雙臂，兩手心向下，爸爸把兩個沙包分別放在寶寶的手背上，要手托沙包單腳跳到「天堂」，然後在那裡休息一下，重新跳回來。

6、寶寶在爸爸、媽媽的加油聲中，顫顫巍巍地向前跳著，每跳一下沙包都有掉下來的危險。好不容易跳到了「天堂」，寶寶放下手臂休息，衝著媽媽大喊：「我的胳膊都痠了，不想再跳了。」看來寶寶要打退堂鼓。媽媽即時鼓勵：「寶貝，你太了不起了，你已經跳完一半了，勝利就在眼前，你一定可以堅持到最後的。」寶寶咬緊牙，開始往回跳，因為有了來時的經驗，很順利就過關了。

跳房子也可以「賺錢」嘍！（6～9歲）

你一定玩過很多遊戲，但是可以「賺錢」的遊戲你可能沒有嘗試過，下面就讓我們去體驗一下吧！

一根粉筆，一個沙包，隨便找一塊平整的地方就可以玩了。

1、用粉筆畫一座漂亮的房子：畫一個很簡單的長方形，裡面畫八個小正方形，小正方形是一個挨著一個豎著排列的，在每個正方形裡標上數字1～8，在第六個格寫上「世界」，第七個格分別寫上「金100」，「銀50」，在最後一個格畫上米字圖案當大本營，這樣房子就完成了，在離第一格適當的位置，畫一條起跳線。

2、遊戲玩法：用猜拳的方式排出跳的順序。

①站在房子外面的起跳線上，第一個人將沙包扔進第一個格，單腳跳進第一個格。然後踢沙包到第二個格，依次類推一直單腳踢沙包跳過1～6格。

②跳到世界格，可以把雙腳放下休息，然後把沙包踢到第八格大本營，第一關通過。

③如果你沒有踢進第八個格，而是踢到第七個格中的數和字上，你就可以賺到錢。（「金」字和數字「100」都代表是100元，「銀」和「50」都代表50元。）你可以用這些錢去買前面的房子，你可以在房子中休息，誰從你的房子過你也可以收過路費。

④一共六關，誰最先過去，誰贏了。（也可以在大家都過關以後比比誰的錢多誰是贏家）

3、遊戲規則：

①沙包扔到界外或者壓線都算輸。

②在單腳跳的過程中另外一隻腳碰到地上就算輸了。

③在踢沙包的過程中踢過了或者壓線都算輸，下一輪可以從輸的地方重新開始。

④在第六格你如果沒有把沙包踢進第八格，就算輸了，踢到第七格沒有壓上數和字，也賺不到錢。

4、遊戲開始，第一個跳的小朋友很快就過了前面幾關，但是第五、第六關就不好過了，在拋沙包的時候，不是力氣太小了，扔不到目標，就是用力過猛，扔過界了。看著寶寶們快樂地玩著，你也會忍不住去試一試。

二、愛心爸媽的行動指南

*遊戲要選擇平整但是不要太滑的場地，以防摔倒。

*衣服要寬鬆，鞋子一定是平底的。

*這是一個適合戶外的遊戲，在家玩時，一定不要影響鄰居。

*一定要保持環境的清潔，遊戲結束後一定要擦掉地上的痕跡。

三、這樣的遊戲千萬不要錯過噢！

1、在遊戲的過程中可以鍛鍊寶寶的身體平衡能力還可以讓寶寶認識數字。

2、在寶寶參與畫房子時，提高了寶寶的繪畫能力和建立了對各種形狀的初步認識，提高了對數學的興趣。

3、在雙腳交換著跳躍中，寶寶的左右大腦同時得到鍛鍊，開發了寶寶的智力，而且鍛鍊了寶寶的耐性和體力。

4、在遊戲中既鍛鍊了眼、手、腳和身體的配合能力，還增強了下肢的肌肉力量，使腿部得到很好的鍛鍊。

遊戲25

猜謎語

從前，有一個姓胡的大財主，被人們戲稱為「笑面虎」。這個人嫌貧愛富，橫行鄉里，老百姓都對他恨之入骨。村裡有個窮秀才，很想替百姓出口氣，整治這個無惡不作的財主。可是他手無縛雞之力，怎麼對付有財有勢的財主呢？秀才心生一計。

元宵節就要來臨，家家都在紮花燈準備過元宵，秀才也紮了個花燈。到了元宵節的晚上，秀才高高舉著他的花燈上街，來到「笑面虎」的家門前，吆喝大家來看他的花燈。不一會兒就吸引了很多百姓圍觀，「笑面虎」也擠到燈前，只見這燈，又大又亮，而且別出心裁地在燈上寫了四句詩「頭尖身細白如銀，論秤沒有半毫分，眼睛長到屁股上，光認衣裳不認人。」「笑面虎」一看暴跳如雷：「好你個窮秀才，不想活了，居然敢罵本老爺！」秀才笑著說：「豈敢！豈敢！我怎麼敢罵你呢？」「笑面虎」氣得臉都綠了：「你那燈上寫的不是罵我，是什麼？」秀才一聽哈哈大笑：「老爺你多慮了，天下人有撿錢的，哪有撿罵的啊！這四句詩是一個謎語，謎底是做針線活的『針』。不信你想想看。」「笑面虎」低頭一想，覺得有道理，只好作罷，灰溜溜地鑽出了人群。圍觀的百姓哈哈大笑，秀才以他的聰明才智利用猜謎語替大家出了一口惡氣。

從此以後人們就把謎語寫在燈籠上，讓大家去猜，體會其中的快樂。

謎語大多是以兒歌形式出現，朗朗上口，透過具體生動的比喻來描述事物的特徵，符合孩子的思維特點，能滿足孩子的好奇心。父母要利用好這個隨機的小遊戲，不需要任何道具和場

地，隨時隨地進行，使寶寶無形中學到更多知識。

一、開心玩遊戲

猜對了我就可以吃掉它（2～3歲）

寶寶喜歡吃水果，也特別喜歡和水果玩遊戲，看著顏色鮮豔、香氣撲鼻的水果總是愛不釋手。那就投其所好讓寶寶用水果猜謎語吧！媽媽告訴寶寶：「今天我們玩猜謎語，如果誰猜對了，那個水果就歸誰所有。」

1、準備各種水果以及各種水果成長時的卡片（讓寶寶學習到水果是怎樣生長的，是樹上結的啊，還是地上長的）。

2、媽媽先說謎語讓寶寶猜，媽媽：「什麼彎彎像小船，皮兒黃黃，肉兒軟軟，擠在一起像個小山？」寶寶立刻回答是香蕉，媽媽問：「為什麼是香蕉呢？」寶寶想了想說出了很多理由。媽媽誇獎寶寶真聰明，把一根香蕉獎勵給了寶寶。然後把一張香蕉樹的卡片給寶寶看，告訴寶寶香蕉的成長過程。

3、媽媽：「寶寶給媽媽編謎語好嗎？看看媽媽能不能猜到。」寶寶歪著小腦袋看著水果想了半天說：「大大的，圓圓的，像個綠綠的大皮球，還有黑種子，可好吃了。」父母鼓掌：「寶寶真棒會出謎語了！」媽媽故意想了一會兒說：「是西瓜。」寶寶高興的學著媽媽的樣子：「媽媽真聰明，猜對了，但是西瓜不能都給妳，我也喜歡吃。」媽媽把長在地上的西瓜卡片給寶寶看，寶寶這才明白，還以為西瓜長在大樹上，原來生長在地上，以後就不用擔心大風把西瓜颳下來摔壞了。

4、媽媽又出了一個謎語：「什麼東西綠綠、圓圓，一身的毛毛，好吃不好玩。」寶寶：「奇異果。」寶寶不僅可以猜出謎底，還展開豐富的想像力編出很多謎語故事。

砸彩蛋嘍！（3～4歲）

爸爸、媽媽和寶寶在家中表演一次砸彩蛋節目，看看彩蛋中有什麼。

1、準備五顏六色的氣球若干，帶有謎題的小紙條若干，還有和謎題相關的卡片若干（可以是小動物，也可以是生活用品等等）。

2、把紙條裝在氣球裡，然後把氣球吹起飄在房間中。看著滿屋飛舞的氣球，寶寶開心得手舞足蹈。

3、讓寶寶隨意抓到一個氣球，然後父母和寶寶一起想辦法把氣球砸破取出紙條，媽媽讀讓寶寶猜一猜是什麼：「頭戴紅帽子，身披五彩衣，每天天不亮，起來就唱戲——猜一家禽」。

爸爸要很具體地做一個公雞打鳴的動作。寶寶立刻猜到是大公雞，媽媽拿出公雞的圖片給寶寶講大公雞的一些特性。告訴寶寶大公雞特別勤勞，每天天不亮就起來叫大家起床，寶寶要向大公雞學習。然後讓寶寶編一個大公雞的故事講給爸爸、媽媽聽。

4、寶寶又興奮地抓了一個氣球，「小時穿黑衣，大時著綠袍，閒時呱呱叫，忙時蹦蹦跳，水裡過日子，岸上來睡覺——猜一小動物」。這個好像有點難，寶寶一直猶豫沒有回答，媽媽拿出小蝌蚪的卡片提示寶寶，寶寶很快回答出是青蛙。媽媽：「寶寶真聰明，你怎麼猜出是青蛙呢？」寶寶：「小蝌蚪是青蛙的寶寶。」寶寶很聰明，知道卡片和謎底一定有關係，寶寶還給媽媽講了小蝌蚪找媽媽的故事。媽媽拿出小青蛙的卡片問：「寶寶，知道小青蛙喜歡吃什麼嗎？牠住在哪裡，你冬天見過小青蛙嗎？」媽媽用提問的方式結合圖片給寶寶講了小青蛙的生活習性，重點解釋小青蛙冬眠的特性。並告訴寶寶，青蛙是捉害蟲保護作物的能手，我們一定要保護青蛙。

5、遊戲很有趣，寶寶一邊玩遊戲，一邊學到很多知識。

你猜我摸到了什麼？（4～6歲）

幾個小朋友在一起可以提高寶寶的遊戲熱情，而且還能激發出寶寶的競爭意識。

1、準備一個大箱子（廢棄的紙箱即可），箱子中放一些水果或者寶寶的玩具。

2、先舉手自願出來一個小朋友摸箱子，從箱子中摸到東西以後（千萬不要讓別人看到），要描述出來，然後讓其他小朋友猜，看看誰最先猜到。

3、遊戲開始，一個大一點的小朋友主動坐到箱子旁，他在箱子中摸了一會兒，然後說：「圓圓滑滑一東西，皮兒紅，肉兒黃，吃在嘴裡甜又香。猜一種水果。」有寶寶站起來說是蘋果，有的寶寶說是李子。摸箱子的小朋友把蘋果拿出來，證明第一個小朋友是對的，大家鼓掌，那個小朋友得意地坐下。

4、遊戲繼續進行，又摸了一個東西，說：「身穿白大褂，一雙紅眼睛，走路一跳一跳，耳朵又大又尖。猜一種動物玩具。」話音剛落，幾個小朋友都大喊：「是小白兔玩具！」「大家都猜對了，給自己鼓鼓掌吧！」這下小朋友們可興奮了，喊著快摸、快摸，我們還要猜。摸箱子的小朋友心想，這次一定難一難你們。「像麵不是麵，能把形狀變，你想要什麼它就變什麼。猜一種玩具」。大家你看看我，我看看你，有的說是變形金剛，可是想了想又說不對，大家七嘴八舌地討論了半天，都沒能猜出來。摸箱子的小朋友把黏土拿出來，大家才恍然大悟。

5、小朋友們可以輪流摸箱子，來體驗一下編謎語的快樂。

那不是丟手帕是丟謎語（7歲以上）

星期天，幾個小朋友約好一起去玩，可是玩什麼呢？有人提議說猜謎語吧！

1、大家把自己想到的謎語都寫在小字條上，然後把每張小紙條都疊好。

2、大家圍成一個圓圈坐好，一聲「開始」，第一個人拿起一張紙條迅速依次傳下去，一聲「停」，立刻停止傳遞，紙條在誰的手上，誰就站起來猜謎語，只准猜3次，猜對大家鼓掌，猜不對受罰到圈中表演節目。

3、遊戲開始，大家都迅速往下傳，唯恐留在自己手中，一聲「停」，那個接到紙條的小朋友好像是接到了燙手的山芋，拿也不是，扔也不是。這時有人大喊：「快點打開看看。」還好運氣不錯，一看是自己寫的，把紙條一扔，一口氣背完，接著說出了謎底。

4、遊戲繼續進行，不是每個人都那麼好運，有個小朋友就被捉住了，抓耳撓腮地猜了三遍也沒有猜對，沒有辦法只好接受懲罰，站到圈中給大家唱了一首歌，唱歌時總走音，把大家笑得前仰後翻。

二、愛心爸媽的行動指南

和寶寶玩猜謎語遊戲時，必須是在寶寶對一些事物有所認識的基礎上進行，謎底必須是寶寶熟悉的；謎題的描述要具體生動，比喻要和事物相似。謎題不要太抽象，那樣寶寶不容易猜到，就會打擊寶寶的遊戲積極性。

三、這樣的遊戲千萬不要錯過噢！

1、猜謎語不僅是一種趣味性極強的遊戲，而且能讓寶寶在快樂中鍛鍊思維和增長智慧，有利於寶寶的右腦開發。

2、在遊戲中，體驗猜謎語編故事的快樂，提高寶寶的語言組織能力和對故事的分析判斷能力，從中學習和認識一些事物的特徵及生活習性。

3、謎語中融入了濃郁的文化傳統和人們的聰明才智，猜謎語可以使寶寶累積豐富的語言知識，提升文學方面的素養。寓教於樂，一舉數得。

5、猜謎語可以激發出寶寶的好奇心和求知欲，透過對事物的分析、概括、推理和判斷，提升了寶寶的邏輯思維能力，同時激發了寶寶的形象思維，培養了寶寶的語言交際能力和良好的語言習慣。

6、猜謎語隨時隨地都可以進行，日積月累，寶寶的生活經驗更加豐富，觀察能力也得到了提升，在遊戲的同時樹立了自信心。和父母同樂，增加了親子關係。

遊戲26

挖壕溝打野仗

在物質匱乏的年代，一塊泥巴、一根樹枝做成的武器，都能讓孩子們興奮不已。

每天傍晚放學，同學們早早地來到學校後面的小山上集合，手中都拿著自己心愛的寶貝武器：用廢棄的作業本折成各個部件，拼接成的盒子槍；打磨得烏黑錚亮的木頭槍；簡單的就是形狀像步槍模樣的樹枝；還有各式各樣的大刀。正派人物的大片刀，當然是木製的；反派人物的武士刀，就是一個彎彎的樹枝，在沒有武器的情況下，才會拿起這個當壞蛋；手榴彈是就地取材的土塊。

大家分成兩組，大部分時候是自由選擇，然後進入戰鬥。模仿很多抗戰電影的鏡頭，先是一隊鬼子出現，指揮官挎著軍刀，帶著隊伍大搖大擺地走來，一副不可一世的樣子。這時忽然從旁邊的草叢或大樹後，發出激烈的槍聲，敵人遭到我軍的伏擊。鬼子們迅速趴下，指揮官揮舞著軍刀，嘴裡「八格牙魯」地亂叫一通。雙方展開了激烈的槍戰：手槍發出的「啪、啪」聲；步槍的「乒、乒」聲，還夾雜著機關槍「噠噠噠」的掃個不停；戰鬥越打越激烈，有的戰士開始用手榴彈，隨手抓起土塊，還有模有樣地舉到嘴邊做一個咬弦的動作，然後迅速扔了出去，嘴中還沒有忘了「碰」的一聲，好像真要把敵人炸得粉身碎骨。敵人被打得暈頭轉向，掉頭逃回自己的地盤。「嘀嘀嘀……」的軍號響起，我軍開始發起衝鋒，戰士們端著機關槍衝出戰壕，冒著槍林彈雨向敵人的陣地撲去，一個個無所畏懼，一副視死如歸的樣子。衝在最前面的，往往會不幸「中彈」，一手捂著胸口，另一隻手指著前方，慢慢倒下，嘴裡還說：「大家不要管我，快衝啊！消滅敵人。」然後頭向下一垂，壯烈「犧牲」。剩下的戰士高呼著口號，

繼續向前衝，有一個戰士去炸碉堡，身中數彈，甚至敵人的手榴彈也炸不「死」他，依舊頑強地匍匐前進，在鬼子的「你已經死了，死了」的叫喊聲著，不得不光榮「就義」。戰士們一鼓作氣，打得鬼子屁滾尿流，取得最後勝利。

現在的孩子可以在電腦上體驗「野戰」的快樂，但是不會有那種身臨其境的感覺，還是到田野中找回兒時的純真和野性吧！

一、開心玩遊戲

搶財寶嘍！（3～4歲）

在涼爽的秋天帶著寶寶去戶外，並邀上一些小朋友玩搶財寶遊戲。

1、準備一些玩具和一個廢棄的紙箱。

2、在草地上畫一個圓圈當城堡，把玩具放在圓圈中間。將小朋友分成兩組，其中一組圍著圓圈臉向外站好，這是守財寶的；另外一些小朋友是搶財寶的（站在圓圈外大約15公尺左右）。守的人少，搶的人多。把紙箱撕成窄條，圍在圓圈的外面充當護城河。

3、遊戲規則：

①守城的只能站在圓圈上，不能擅離職守，守住不能讓別人把財寶搶走。

②另一方要跨過紙箱，也就是護城河，然後衝過去搶財寶。如果踩到紙箱就算掉到「河中淹死」了。一次搶不到可以發起多次衝鋒。

③搶的一方被守的一方捉住就算犧牲了，要退出戰場，等待第二次進攻。

④搶財寶的搶到財寶，遊戲結束。

4、大家都做好了準備，一聲「開始」，攻方的小朋友像掙脫韁繩的小馬飛快地向城堡衝去，嘴裡還大喊：「衝啊！殺啊！」守方的小朋友伸開雙臂，嚴密的守護著財寶，也忍不住的喊：「擋住，千萬不能讓他們衝過去！」護城河沒有起多大作用，小朋友們都很輕鬆地跳了過去。但是護城的小朋友戰鬥力旺盛，守護嚴謹，進攻一方沒有衝過去，而且還「犧牲」了幾個人，第一次衝鋒以失敗而告終。攻方的小朋友們撤了回來，他們研究了一個新的策略，發起第二次衝鋒。他們衝過去以後，每人都盯著一個防守的小朋友，並使出渾身解數吸引他的注意力，其他的孩子趁機衝進去搶了玩具就往回跑。守方的孩子不死心，拔腿就追，一邊追一邊喊：「追啊，別讓他跑了！」其他的孩子亂了陣腳，一個抱著一個扭打在了一起，一下子變成了摔角比賽。由於守方的人少，一會兒工夫財寶被搶了一空。

5、很明顯有的小朋友犯規，遊戲只好重新開始，兩個小組進行了角色對換，並特別強調了遊戲規則。

小小野戰兵（4～6歲）

當軍人是男孩子的夢想，父母可以告訴寶寶：「今天給你一個實現夢想的機會，當一名勇敢的小戰士去野外戰鬥。」寶寶聽了一定很高興，不但會給你行個軍禮，還會脆生生地喊一聲「遵命」。

1、準備一個小皮球，地墊若干塊，平衡木一塊，游泳圈一個，小旗子一支，裝水的飲料瓶一個。

2、遊戲過程：小野戰兵要過草地（把地墊鋪在地上當草地），爬雪山（用幾塊地墊堆在一起像座小山），過獨木橋（走平衡木），鑽山洞（鑽過游泳圈），然後用子彈（皮球）打擊敵人（飲料瓶），最後衝進陣地插上旗子，取得勝利。

3、遊戲開始，爸爸吹起衝鋒號，寶寶快速跑過草地，然後爬上雪山，連滾帶爬地過了雪山，下一個是獨木橋。媽媽提示過平衡木時要當心，不要緊張。寶寶小心翼翼地站在平衡木上，兩臂張開保持身體的平衡，緩緩地走過去，媽媽在一旁不斷鼓掌加油。下一關更難，游泳圈是掛在一個繩子上的，左右擺動。媽媽不住的提醒寶寶，鑽山洞時先低下頭，兩臂抱緊身子。寶寶用了好半天才鑽過去，然後撿起地上的子彈瞄準敵人砸去，第一下沒有砸到目標，可能是緊張的緣故，第二下擊中目標，敵人倒下，寶寶拿著旗子衝進陣地，把旗子插在陣地中間。

4、遊戲結束，寶寶站在旗子邊高呼：「我勝利了！」那神情不亞於一個真正取得勝利的戰士。

雄赳赳氣昂昂，我也去打仗（6～12歲）

傍晚放學，或者星期天，只要有人一喊「打仗嘍！」立刻引來一群調皮的小男孩。

1、大家分成兩隊，每個小隊選出一個司令。

2、選好一個界限（如果在野外可以挖一壕溝），上邊一隊，下邊一隊。打仗前大家都心情激動，摩拳擦掌，而且個個都是裝備精良，什麼小水槍、仿真小手槍等等，希望快一點進入戰鬥。各隊的隊員急忙跑進自己的陣地，選擇田埂或山包做掩護，隨時進入戰鬥。有的孩子頭上還戴著用樹枝編成的帽子，像叢林裡的特種兵。

3、遊戲規則：

①被擊中者必須倒地，裝受傷或犧牲。

②在正面衝鋒中，被摔倒在地的算是犧牲。

③哪方衝進對方的陣地，哪方就獲勝，勝利者插上旗子，以示祝賀。

4、隨著司令一聲「開始戰鬥」，什麼裝備沒有的，手中自備（就是大拇指和中指伸出的八字形），嘴裡還發出啪、啪的射擊聲。眼看下邊的人壓了上來，上邊的士兵雙手合攏在嘴

邊發出軍號聲，「司令員」揮著手帶領戰士們，衝下陣地，打得另一隊落花流水，節節敗退，一個個抱頭鼠竄。戰場上殺聲震天，到處是繳槍不殺的喊聲和橫七豎八的「屍體」。經過激戰，勝利者把小旗子插在陣地上，大家舉臂歡呼，清理戰場。失敗的一方垂頭喪氣，有的躺在地上裝做被打「死」了，有的故意一瘸一拐地當傷患，還舉著手被對方「俘虜」。一場驚心動魄的「野戰」宣告結束。如果時間允許，會接著進入第二輪戰鬥。

遊戲中，小朋友們忘了吃飯，忘了回家，直到聽到父母一聲聲呼喚，才灰頭土臉地向家中奔去。

二、愛心爸媽的行動指南

*寶寶在野外的玩耍中不免有小小的皮外傷，父母不要大驚小怪，也不要就此禁止寶寶的遊戲，寶寶總要在磨練中成長。

*隨著寶寶的長大，他會形成自己對事物的看法。父母不要總是阻止寶寶的行為，要放開手腳，使其在集體遊戲中獲得快樂，並從中學習到他需要的知識。

三、這樣的遊戲千萬不要錯過噢！

1、透過遊戲，挖掘出寶寶的原始野性。現代家庭大多是獨生子女，父母的溺愛，使寶寶膽小、懦弱，很多寶寶看到一隻蟲子都會嚇得發抖。經常到野外玩打野戰遊戲，可以鍛鍊寶寶的膽量，樹立寶寶的信心。

2、在搶財寶的遊戲中，既鍛鍊了寶寶的奔跑、跳躍能力，而且使寶寶有了團隊意識，學會了團隊中大家怎樣積極配合取得勝利，而且學習了組織、分工等各方面的知識，並學會了要遵守規則。

3、在野戰兵的遊戲中，寶寶很多身體技能都得到鍛鍊，親身體驗了做一名士兵的辛苦，也體會到了成功的喜悅。使寶寶更加勇敢、頑強。

4、透過打野戰遊戲使寶寶瞭解了戰爭的殘酷，勝利得之不易，激起寶寶愛好和平的意識。

遊戲27

打彈珠

記得小時候，每天放學以後，幾個要好的小朋友找個避風的牆角或草叢旁，把書包往地上一扔，便展開「生死角逐」。大家先用石頭或瓦片挖出五個洞，然後猜拳排出先後順序，打彈珠大賽就正式開始了。大家或蹲、或跪，有的甚至匍匐在地上，那專注的神情在課堂上是找不到的。誰的球進完所有的洞，誰就有了生殺大權，他擊中誰的球，誰就死定了，球也會被他「吃掉」。彈珠是大家的心愛之物，一場比賽下來，彈珠就被擊得遍體鱗傷，大家往往都用舊的比賽，如果誰忍痛拿出一個新的，特別是球內帶有五顏六色花瓣的，比賽就更加激烈了，為了得到這個漂亮的彈珠，大家都集中火力，拼命攻擊，即使最後得不到，也要企圖擊碎，以示「幸災樂禍」。周圍圍滿了觀看者，其激動程度不亞於玩者。大家七嘴八舌地充當指揮者，往往為了下一個的攻擊目標爭論不休，當看到兩球擦肩而過時，又不停地頓足惋惜。玩的、看的都忘了時間，天漸漸黑了，已經看不清彈珠彈向哪裡，大家才偃旗息鼓，爬起來用髒兮兮的小手，拍拍衣服上的塵土，拎起書包飛快地向家中奔去。到家免不了的一頓臭罵，有的還會是一頓毒打，但是仍然樂此不疲，明天照樣繼續大戰。

那時的孩子多數褲子上都有兩個大大的口袋，大家互相攀比。誰的口袋裡的彈珠多，誰就會受到大家的追捧、崇拜，因為那意味著他擁有過人技巧。對孩子們而言，那可是一筆不小的財富和無限的榮耀，值得到處去炫耀。

打彈珠的遊戲歷史悠久，據說起源於16世紀，當時兩名年輕人，同時喜歡上一名女孩子，便決定用彈珠比賽分勝負，打彈珠的遊戲便因此產生。父母有時間不妨也和寶寶進行一場彈珠大賽，來體驗其中的樂趣。

一、開心玩遊戲

好漂亮的彈珠（3～8個月）

寶寶3個月以後就會對色彩和聲音有感覺，父母可以給寶寶做些簡單的遊戲。

1、把色彩絢麗的彈珠放在透明的飲料瓶中，蓋緊蓋子。然後輕輕傾斜瓶子，讓彈珠在裡面慢慢滑動，讓寶寶看看小球是怎麼運動的。接著晃動瓶子，小球發出清脆的聲音，寶寶會順著聲音轉動腦袋，眼睛緊緊跟著瓶子。經常做這個遊戲，寶寶慢慢會把聲音和圖像聯繫起來。

2、用一個小盒子（不透明的），裝進五顏六色的彈珠，讓寶寶仔細觀察裡面的東西，然後蓋上盒子。過一段時間再打開給寶寶看，以此提高寶寶的記憶力。

彈珠滾出美麗的晚禮服（2～3歲）

耶誕節就要到了，父母要為寶寶舉行聖誕晚會，可是寶寶還沒有晚會的禮服。媽媽告訴寶寶：「寶寶，如果穿上自己做的衣服是不是更高興啊？那我們就自己動手做一件漂亮的禮服吧！」

1、準備白紙若干張，彈珠若干，小勺子一支，小碗若干，各種顏色的廣告顏料，一個塑膠的大盤子，膠水一瓶。

2、媽媽拿出很多彈珠問寶寶：「你知道彈珠怎麼玩嗎？」寶寶高興地把彈珠撒了一地，然後開始追彈珠。寶寶玩了一陣子問：「媽媽，我們不是做禮服嗎？要這些彈珠做什麼？」媽媽很神秘的說：「一會兒你就知道了。」

3、寶寶很好奇，焦急地等著看媽媽怎麼用這些彈珠做禮服。媽媽把白紙鋪在盤子上，把彈珠分別放進裝有不同顏色顏料的小碗中。

4、媽媽用小勺把綠色顏料碗裡的彈珠舀到盤子裡，立即上下、左右地滾動，把整個身體在盤子裡滾了一遍，然後把彈珠放回去，又從紅色的顏料碗裡舀出彈珠放到盤子裡同樣滾動。媽媽把白紙取出給寶寶看，寶寶高興地跳了起來：「好漂亮的畫啊！我也要試一試。」寶寶也學媽媽的樣子，把彈珠放在盤子裡，媽媽提示寶寶，要輕輕地晃，否則彈珠就會從盤子中溜出來；放上彈珠要立即晃，這樣彈珠滾出的線條才流暢，畫才漂亮。

5、寶寶用自己喜歡的顏色滾了許多張漂亮的畫，每一張都不同，每一張都是一幅美麗的抽象畫，寶寶成了抽象派的小畫家。

6、媽媽讓寶寶選了自己最喜歡的兩張畫，用膠水黏在一起，給寶寶做了一件漂亮的禮服。寶寶的這個耶誕節過得特別開心。

這樣玩更有趣（3～5歲）

寶寶們都很喜歡晶瑩剔透的彈珠，也會用彈珠做一些遊戲，父母可以和寶寶創新一些玩法。

遊戲道具：準備一些彈珠，塑膠盤子，小碗，筷子。

玩法1：夾彈珠。

把彈珠裝在一個塑膠盤子中，開始時讓寶寶用腳趾夾住彈珠，一個一個送到另外一個塑膠盤子中，盤子之間的距離可以適當掌握。如果寶寶很熟練了，可以增加距離。彈珠如果掉下來，可以重新夾起，一直夾完所有的彈珠。然後讓寶寶用筷子把彈珠一個一個夾回來，夾完為止。大一些的寶寶可以用筷子從水中向外夾彈珠。這個遊戲也可以多個小朋友一起玩，比賽看誰夾得快，提高寶寶的遊戲積極性。

玩法2：吹彈珠。

把彈珠放在桌子上，媽媽端著盤子站在桌子旁邊，讓寶寶用嘴把彈珠一個一個吹到盤子中，計算一下限定時間內寶寶能吹進多少。

玩法3：投彈珠。

把小碗放在距離寶寶1公尺左右的地方，讓寶寶站起把彈珠投到碗中，隨著寶寶的熟練程度，可以適當增加寶寶與碗的距離。

花樣繁多的打彈珠比賽（7～10歲）

彈珠的玩法多種多樣，無論哪一種玩法都會讓你興趣盎然，流連忘返。通常比賽沒有人數限制，兩個人就可以進行比賽，當然人越多越有意思。

第一種玩法，俗稱「出槓」。遊戲規則如下：

①在地上畫一條直線，每個參加遊戲的人都拿出一個彈珠，依次擺在線上。

②在距離直線四、五公尺左右重新畫一條平行線，做為遊戲的開始線。

③參加遊戲者排出先後順序。

④第一個人蹲在開始線後面，拿出自己的另外一個彈珠，用拇指和食指朝線上的彈珠彈去，彈出的彈珠撞擊線上的彈珠，撞到的就歸自己所有，依次撞擊，直到撞擊不上，才輪到下一個人。依次類推，最後線上的彈珠全部被撞擊完了，遊戲結束。誰撞到的彈珠多，誰就是勝利者。

第二種玩法，俗稱「撞牆」。遊戲規則如下：

①在一面牆下畫一條平行線，離牆大約1公尺左右。

②參加遊戲的每人拿一個彈珠，用手向著牆彈去，彈珠從牆上反彈回來的，根據彈珠離牆的遠近排出先後順序，誰的彈珠跑的最遠，誰就獲得第一個彈球的資格。

③第一個人原地撿起他的彈珠，依次彈向其他的彈珠，誰的彈珠被彈到線外，彈珠就歸彈的人所有。

④如果第一個人，一個彈珠也沒有彈到，那麼就輪到第二個人了，最後剩下的人是勝利者。

第三種玩法，俗稱「闖圈」。遊戲規則如下：

①畫一個圓圈，參加者每人拿出一些彈珠放在圈裡，放進去就沒有拿出來的權利了。

②在圓圈外三、四公尺左右畫一條橫線，參加者站在圓圈裡拿出另外一個彈珠拋向直線，按照彈珠離直線的遠近排出彈球的順序，離線最近的，而且沒有出線的排列第一。如果出線了，可以重新拋一次。

③第一個人蹲在直線後，用食指和拇指將手中彈珠彈向圓圈裡的彈珠，擊中並擊出圈外的，歸自己所有，如果沒有擊中或擊中沒有擊出圈外，就要輪到下一個人，你的這個彈珠如果在圈內也不許拿出，也就是說你又輸掉一個。

④最後，誰擊出圈外的彈珠多，誰就是勝利者。

第四種玩法，也是最有意思最複雜的一種玩法，俗稱「打老虎洞」，很像現在打高爾夫球。

遊戲規則如下：

①挖四個小孩拳頭大小的洞，也叫窯，這四個洞圍成圓圈，中間挖一個大一點的，叫做主窯。洞與洞之間距離大約一公尺左右。

②「剪刀、石頭、布」排出彈球的順序，贏的人當然第一個開始彈了。

③在洞外一公尺左右畫一橫線做為開始線。

④第一個人從開始線向第一個洞彈彈珠，如果彈進去了，就接著進第二個洞，依次進完四個洞以後，最後進入主窯，成為「霸王球」。但是在進前四個洞時不能進主窯，進去就「燒死」了，要等到下一輪遊戲。

⑤在進洞的過程中，如果沒有進去，就要輪到別人彈球，你的彈珠就停在原地，下次輪到你時，你可以從那繼續進。如果你進去一個洞了，就可以用你的彈珠把附近的彈珠彈出去，阻止其他彈珠進洞。

⑥「霸王球」可以攻擊任何球，只要被霸王球擊中的彈珠就會被它吃掉，彈珠的主人就輸了。其他的彈珠只要進入過一個洞就有資格攻擊「霸王球」，但是要連續擊中三次。擊中三次就可以吃掉「霸王球」，成為新的霸主。最後剩下的成為勝利者，遊戲結束。

打彈珠的場地通常選在泥地上，可以挖洞，而且稍微不平整的地最好，可以增加遊戲的難度，增加遊戲樂趣。比賽開始，大家姿態各異，有蹲著的、站著的，還有趴在地上的，每個人

都神情專注，彈指之間，決定勝負。

二、愛心爸媽的行動指南

*年齡小的寶寶在玩彈珠時，父母一定要注意看著，這些花花綠綠的彈珠會讓他垂涎三尺，他會以最快的速度塞進嘴中。

*打彈珠要蹲在地上，小手一會兒就髒兮兮的，玩完以後不要忘記清洗乾淨。

三、這樣的遊戲千萬不要錯過噢！

1、「好漂亮的彈珠」遊戲可以提高寶寶的注意力，促進視覺和聽覺的發展。

2、「彈珠滾出美麗的晚禮服」遊戲可以提高寶寶的藝術欣賞能力，激發寶寶的想像力。

3、夾彈珠可以充分的培養寶寶的眼、手、腳的協調和身體的平衡能力；吹彈珠可以增加寶寶的肺活量，促進寶寶身體健康；投彈珠可以鍛鍊寶寶的投擲能力。

4、打彈珠可以鍛鍊寶寶的觀察、判斷能力，提高寶寶的注意力，增加了寶寶手指的靈活性，同時也提高了眼和手的協調能力。

遊戲28

變化無窮的翻花繩

在日本兒童動畫《哆啦A夢》中，主角大雄曾經利用哆啦A夢的法寶成為翻花繩界的宗師。一天，大雄坐在門口一個人在翻花繩，手指穿來穿去，嘴中還在嘀咕著什麼，一會兒工夫，一個新的造型翻了出來，大雄高興地站起來，大喊成功了。他立刻起身去找他的小朋友靜香、胖虎和小夫，他要把翻花繩的新花樣教這些人。可是當他興致勃勃地低頭教小朋友時，他的小朋友卻全跑得無影無蹤了。大雄怒氣沖沖回到家中，媽媽在電話提示他說，如果成了翻花繩界的宗師，大家就會都來向他學習了。哆啦A夢利用法寶給大雄一塊招牌，由於招牌的魔力，靜香第一個來拜師學藝，大雄非常高興，接著胖虎和小夫也要學習翻花繩。為了報復他們，大雄故意不收他們。胖虎透過幫大雄去市場買菜，加入了大雄的翻花繩學習班。大家看到招牌紛紛都來學習，人越來越多，家中的房子已經裝不下了。哆啦A夢又利用法寶變出一座豪華的壁紙屋，大家坐在壁紙屋中一邊學習各式各樣的翻花繩花樣，一邊聽大雄雄心勃勃地講他要成為全世界翻花繩宗師的偉大夢想。大雄的小朋友小夫為了討好大雄，請他的爸爸給大雄做了一塊豪華漂亮的招牌。當大雄原來的招牌被摘下來以後，招牌的魔力消失了，小夫感覺很莫名其妙，他不明白自己到大雄家來做什麼，接著他看到很多人從大雄家走出來。大雄和哆啦A夢也很奇怪，弄不清楚大家怎麼突然對翻花繩沒有了興趣。當他們出來看時，才發現不知道是誰把招牌換了，大雄又重新回到現實生活中。

一條小小的繩子，也會成為寶寶手中的法寶，透過十指的靈活翻飛，瞬間就會變出各式各樣

的圖案。

一、開心玩遊戲

奇妙的繩子（2～3歲）

寶寶喜歡玩各式各樣的繩子，父母可以和寶寶一起來玩繩子展覽遊戲。收集各式各樣的繩子並讓寶寶說出各自的用途。

1、和寶寶一起收集生活中的各種繩子：有爸爸運動鞋上的鞋帶、媽媽打毛衣的毛線、曬衣服的尼龍繩、電話線、鐵絲、奶奶縫衣服的線、寶寶紮小辮的橡皮筋，還有寶寶做手工的紙線……

2、媽媽告訴寶寶：「寶寶，我們收集了這麼多的繩子，來開個繩子展覽會吧！是不是要把不同的繩子先歸類呢？」寶寶很快就會根據長、短、粗、細進行分類。（大一些的寶寶可以根據繩子的不同原料歸類，如棉繩、麻繩、尼龍繩、紙繩等。）

3、遊戲開始，寶寶是展覽會的小小解說員，媽媽是參觀者。媽媽提問，寶寶回答，媽媽：「這裡的繩子真多，能給我介紹一下這些繩子的用途嗎？」寶寶會模仿解說員的樣子，很認真地一一講解繩子的用途和特性，寶寶回答不了的，媽媽要提示寶寶。

美妙的繩子畫（3～5歲）

和寶寶體驗一下用繩子畫畫和用繩子做畫的樂趣吧！

1、用繩子畫畫：準備若干檔案繩（棉繩），各種水彩顏料，白紙若干張。讓寶寶用繩子沾了顏料隨意作畫，讓寶寶感覺一下用繩子畫畫和用筆畫畫有什麼不同，並講述出來。讓寶寶講述繪畫的內容，並發揮想像力編成動人的故事講給爸爸、媽媽聽。最後寶寶會高興地告訴你，繩子畫畫特別好玩。因為繩子柔軟，幾乎就是拉著繩子在紙上走，所以寶寶畫的很隨意，不用刻意去表達什麼，作品也是自己想像是什麼就是什麼，這很適合寶寶的心理（特別是沒有度過塗鴉期的寶寶）。

2、用繩子作畫：準備一個平整的木板或泡棉板，用小釘子釘出不同畫面（各種寶寶喜歡的小動物形狀或者花朵等等），各種顏色的毛線。讓寶寶用他喜歡的毛線在釘板上纏繞出不同的畫面。一條軟軟的毛線經過寶寶的小手變換出各種形狀、圖案，寶寶感覺很神奇。

也可以讓寶寶用繩子在平整的地方，擺出各種形狀，比如正方形、三角形、菱形、心形，還有數字、拼音字母等等。

繩子也會變魔術（5～10歲）

一條普普通通的繩子透過寶寶靈巧的小手就可以變換出各式各樣的圖案，而且唯妙唯肖。道具只需一條約1公尺長、顏色鮮豔的繩子（寶寶喜歡好看的東西）就可以了。翻花繩遊戲有一個人玩的，也有兩個人配合一起玩的。

1、單人玩法

①把繩子的兩端繫在一起，結成一個圈。媽媽拿著繩子故意在寶寶面前弄來弄去，引起寶寶的注意，並告訴寶寶：「寶貝，我可以用這條繩子給你變一把小雨傘。」寶寶很好奇，伸過小腦袋，看媽媽怎麼變出來。媽媽把繩圈的兩端分別套在兩隻手的手指間，然後手指靈活的拉動繩子，前後左右的穿插了幾下，輕輕的一翻，一個小雨傘就神奇的誕生了。寶寶拍著小手直跳，一臉的好奇並大聲嚷著：「我也要學變魔術！」

②寶寶迫不及待的拿過繩子模仿媽媽的樣子，上下翻動，可是繩子不聽寶寶的指揮，一會兒就打了結。寶寶很失望：「媽媽，我怎麼變不出來呢？妳教教我吧！」媽媽趁機告訴寶寶：「要仔細看，不要挑錯線，翻的時候，可以向上翻，也可以向下翻，但是翻出的造型是不一樣的，關鍵就是這脫胎換骨般的一個翻轉，不同的造型就出來了。」媽媽一邊講解一邊慢慢地做動作，寶寶有不明白的地方，媽媽手把手的教，寶寶學得非常認真，等媽媽講解完，寶寶也翻出了一個神奇的小雨傘。寶寶高興地炫耀：「我也會變小

雨傘了！」

③寶寶很快自己就能翻出很多花樣，而且根據形狀取了很多好聽的名字，小板凳、花蝴蝶、小手帕、速食麵等等。媽媽要經常鼓勵寶寶自己去創新玩法，可以和寶寶翻花繩比賽，看誰翻的花樣多，動作迅速。寶寶自己學會了還很投入地教導其他的小朋友，儼然是個小老師。

2、雙人玩法

①雙人玩法需要兩個人密切配合，一個人先用手指編成一種花樣，另一人用手指經過纏繞、挑翻，完成另一種花樣，你挑過來，我翻過去，相互交替編翻，直到一方翻不下去遊戲終止。如果兩個人配合不協調，就有可能在換手的時候繩子打結，成為一團亂繩。

②兩個人玩時，選擇夥伴很重要，最好兩個人一樣的「聰明伶俐」，技術不相上下，否則繩子會頻頻打結。而且在一個人興趣正濃時，另一個人卻已經翻不下去，氣得人半死，遊戲不得不重新開始。

③兩個人玩時繩子要長一些，翻時不能拉的太緊，也不能太鬆。第二個人翻花繩時，要用兩隻手捏住翻好了，前面的人才能抽出手來，否則繩子就脫落了。

④這個遊戲要求玩的人不僅要眼明手快，而且頭腦清醒，手指靈活，這樣才能翻出各式各樣、不同凡響的造型，充分展示玩者的聰明才智。

二、愛心爸媽的行動指南

*玩遊戲時，不能把繩子套在手腕和脖子上，那樣容易發生危險。

*繩子打了死結，不要使勁拉，要把繩子鬆開，慢慢解。如果繩子不小心從手指上脫落，也不要急著拉繩，以免繫成死結。

*遊戲結束，要收好繩子，以備下次再玩。

三、這樣的遊戲千萬不要錯過噢！

1、前蘇聯教育家蘇霍姆林斯基曾指出，兒童的聰明才智絕大部分反映在他們的手指尖上。所以翻花繩遊戲透過手指的壓、挑、翻、勾等精細的動作，起了健腦益智的作用。

2、透過遊戲鍛鍊了寶寶的手指靈活性，活動手指關節，可促進大腦和神經的發育。

3、遊戲要求寶寶頭腦要靈、手要準，手和腦配合一致，手和眼要協調。這就大大提高了寶寶的觀察、判斷能力，促進了手、眼、腦的協調一致，使寶寶的形象思維能力、空間方位感和創造性想像能力都得到充分發展。

4、最有趣的翻花繩遊戲是兩個人配合完成的，這就要求寶寶尋找自願和他合作的小朋友，而且在遊戲中相互配合，相互鼓勵，增進了彼此的感情。透過翻花繩遊戲增強了寶寶的合作意識，鍛鍊了寶寶的社交能力。

5、翻花繩遊戲給了寶寶表現自我、展示自我的機會，滿足了寶寶希望成功的慾望，增強了自信心。

6、在遊戲中寶寶和父母形成平等、親密的關係，增進親子感情。

遊戲29

抓石頭

石頭是最廉價的玩具之一，在小河灘上找幾個大小相似的鵝卵石，洗乾淨裝在口袋裡，就成了一副好玩的玩具，不需要一分一文。而且玩起來花樣繁多，老少皆宜，不過通常是女孩子的最愛。幾個小女孩聚在一起，課桌、石板，或是平整的地面都成了遊戲的最好場所。通常五個或七個石頭是一副，大家圍成圈席地而坐，透過這幾個小小的石頭，變換著玩法，配上優美動聽的《拾子歌》，歌詞幽默、詼諧，歌調韻味十足。往往讓玩的興趣盎然，看的眼花撩亂，聽的津津有味。遊戲的名目很多，什麼畫眉跳澗、稱金稱銀、鴨子過河、小雞進窩、風擺柳、雨打荷等等不一。看著一雙雙小手，拋起、抓住、接起，讓人目不暇給，流連忘返。

讓我們的寶寶也去體會一下其中的快樂吧！

一、開心玩遊戲

神奇的小石頭（1～2歲）

在炎熱的夏季，帶孩子到清涼的小河邊，撿一些漂亮的小石頭玩遊戲，既消暑又有趣。

1、讓寶寶撿起一顆顆圓圓的小石頭，丟進水中發出悅耳的響聲。用小石頭打水漂兒，看著小

石頭在水面跳躍，濺起一個個水花，寶寶高興得直跳。

2、把圓溜溜的小石頭鋪在岸邊，寶寶光著小腳走在上面，癢癢的，舒服極了，寶寶會發出「咯咯」的笑聲。

3、蹲在小河邊，清涼的風兒吹著，用小石頭隨意擺出各種圖案，寶寶一會兒興奮地告訴你這是小鴨子，一會兒告訴你那是小板凳，他豐富的想像力都體現在那一雙靈巧的小手上。

4、找一些圓圓的小石頭，用筆畫出不同的表情，上面畫兩個向下的括弧，下面畫一個向上的括弧，就成了一個可愛的笑臉；上面畫兩個向上的括弧，下面畫一個向下的括弧，就是一個生氣的小臉，畫上淚珠就是個哇哇大哭的娃娃……把這些石頭放在一起，就像石頭寶寶大聚會。寶寶畫很多的小石頭，然後編出很多故事講給媽媽聽。

5、收集一些寶寶喜歡的小石頭帶回家，放在寶寶的房間中，寶寶隨時都可以和石頭寶寶玩遊戲。

簡單的遊戲也很有趣（2～3歲）

圓溜溜的小石頭寶寶總是愛不釋手，可以利用這些石頭教寶寶數數了。把小石頭染成不同的顏色，顏料一定是無毒、環保的，不易褪色的。

1、一堆五顏六色的小石頭，讓寶寶根據不同的顏色分類，並數一數每種顏色有多少顆石頭。

2、和寶寶一起玩小石頭撞撞車的遊戲，拿幾顆小石頭撒在地上，然後撿起一個用食指和拇指彈出，去碰另外一顆小石頭，碰到的就可以歸自己，誰最後贏的多誰是勝利者。

3、撿石頭也很有意思的，把所有的石頭都撒在地上，然後一邊數數一邊撿起來，看誰撿的多誰就是最後的勝利者。

4、把石頭撒在地上，然後一把抓兩個，比比看誰在相同的時間內抓的次數多，接著抓三顆、四顆……

5、拿一顆小石頭向上扔，然後用一雙小手捧在一起接住，比一比看誰接住的石頭多。熟練了以後，就可以增加石頭的數量。同時扔兩顆石頭，然後接住，依次類推……慢慢地可以練習一隻手扔石頭，另一隻手接住。雙手交換一扔一接，寶寶的左右大腦都得到很好的鍛鍊。在玩的過程中一定注意安全，不要把石頭扔得太高，以防砸到寶寶。

我也會抓石頭嘍！（4～6歲）

準備五顆光滑的小石頭，和寶寶一起玩抓石頭的遊戲。

1、遊戲規則：在撿起地上的石頭時不能碰到其他的石頭，否則就算輸了。每次拋、抓、接石頭，必須一次性完成。否則，就是失敗。

2、媽媽和寶寶圍坐在一起，只要是平整的地方都可以，然後用猜拳的方式決定先後順序。通

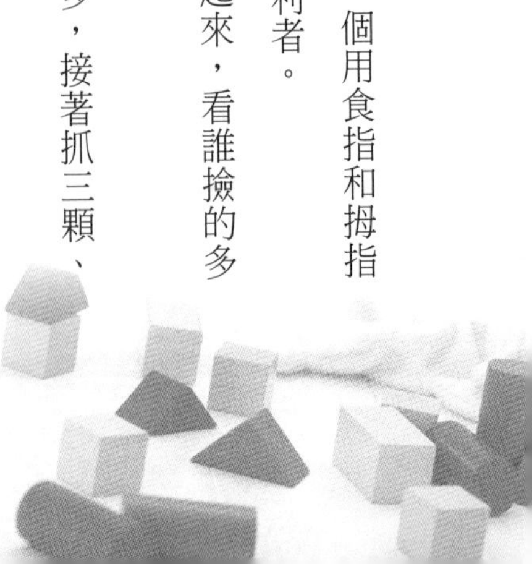

常媽媽先開始，媽媽要給寶寶做示範的。

3、遊戲開始，第一關先把5個石頭隨手撒在地上，選一顆做「子」，把「子」拋向空中，同時在「子」沒有落下之前迅速撿起地上要抓的一顆石頭，然後接住落下的「子」，媽媽很輕鬆地依次抓完地上的四顆石頭，還唱著好聽的歌謠：「我的一，小燕飛，飛到河南，落河西。」

4、寶寶要自己試一試，他的小手很靈活，第一關很成功地完成了。

5、第二關增加了難度，要同時抓起兩顆石頭，而且不能碰到其他的石頭。媽媽一邊唱一邊示範：「我的二，二鵓鴿，一雙起來一對落。」歌兒韻味十足，增加了遊戲的趣味性。媽媽示範完以後，寶寶開始抓，因為寶寶手小，同時抓兩顆石頭速度跟不上，剛抓起地上的石頭，那顆拋上去的「子」就已經落到地上了。媽媽告訴寶寶：「撒石頭很重要，如果撒的石頭離得太近，容易抓，但是也容易碰到其他的；如果離得遠，就抓的很困難。還有就是拋『子』的時候盡量拋的高一些，這樣才贏得時間抓地下的石頭。」寶寶經過反覆練習終於過了第二關。

6、第三關進雞窩：左手成半圓狀立在地上當雞窩，然後把「子」拋向空中，把地下的石頭一顆一顆，依次撥到雞窩裡。有了前面的基礎，寶寶這一關過得很順利。

7、大結局：把5顆石頭捧在手心同時拋向空中，然後用手背接住，遊戲結束。寶寶從頭開始，熟練地過了四關，高興得舉起雙手：「耶！我也會抓石頭嘍！」

童謠伴隨的石頭比賽（7歲以上）

抓石頭在不同的地區有不同的玩法，而且所玩的石頭數量也不一樣，從4顆一直到16顆，初學者和年齡小的寶寶玩4或5顆即可。抓石頭的花樣繁多，從易到難，慢慢深入，每一關抓石頭的方法、規則和名稱都不同，而且都伴隨著好聽詼諧的歌謠。但每一關唱的內容都不一樣，唱的人朗朗上口，聽的人耳目一新，十關為一輪。遊戲者自訂規則，隨便幾輪都可以，最後一輪定輸贏。

1、準備7顆大小均勻的石頭，邀幾個要好的小朋友，找一塊平整的地方圍坐一起就可以開始遊戲了。

2、遊戲規則：

①在抓起地上的石頭時，不能碰到其他的石頭，否則視為失敗，換其他人開始。

②拋起、抓起、接住石頭的過程要連貫，協調，一氣呵成，否則視為失敗。

③在哪一關失敗，下一輪可以接著開始。

④十關為一輪，如果玩者順利過十關，就換下一個人開始，遊戲者自訂遊戲進行的輪次。

⑤誰先在最後一輪全部過關，誰是勝利者。

3、遊戲開始，大家手心、手背分組，然後每組選出一人，先「稱金稱銀」：兩手捧在一起，把石頭全部放在手心拋向空中，用手背接住，然後用手背拋向空中，用一隻手迅速抓向空

中落下的石頭，誰抓住的石頭多誰先開始，依此類推。

4、開始抓子

第一關「抓老疙瘩」：把石頭隨意撒在地上，拿出一顆石頭拋向空中，然後迅速抓起地上的六顆石頭，還要接住落下的石頭，嘴裡唱著：「老疙瘩，一把抓。」

第二關「揑針尖」：把一顆石頭拋向空中，同時把手中的六顆撒在地上，然後一顆一顆依次抓起地上的石頭。每次都要接住拋到空中的另一顆石頭。唱著：「老把捧揑針尖。」

第三關「兩把剪刀一起走」：撒下石頭，拋起一顆石頭，抓起地上的一顆石頭，然後把抓起的兩顆石頭同時拋向空中，伸出兩手同時分別接住落下的石頭，依次抓完地上的六顆石頭。唱著：「兩把對，對貴手，兩把剪刀一起走。」

第四關「我的一」：拋起一顆石頭，抓起地上的石頭，第一次抓一顆，第二次抓兩顆，第三次抓三顆。唱著：「我的一，小燕飛，飛到河東落河西。」

第五關「我的二」：拋起一顆石頭，抓起地上的石頭，一次抓兩顆，三次抓完六顆石頭。唱著：「我的二，二鵜鴿，一雙起來一對落。」

第六關「我的三」：拋起一顆石頭，抓起地上的石頭，一次抓三顆，兩次抓完六顆石頭。唱著：「我的三，麥葉寬，我用麥葉做鞋穿。」

第七關「我的四」：抛起一顆石頭，抓起地上的兩顆石頭，然後再抓起剩下的四顆石頭。唱著：「我的四，抽絲兒，坐上板凳拉胡琴兒。」

第八關「我的五」：把一顆石頭抛在空中，同時把其餘六顆撒在地上，抓起其中五顆，然後抛起一顆，連同手中的五顆，再抓起剩下的一顆。唱著：「我的五，五更鼓，騎著駿馬娶媳婦。」

第九關「我的六」：把一顆石頭抛在空中，一把撒下其餘的六顆石頭，然後再全部抓起。和第一關差不多，但是也有區別。第一關直接把石頭撒在地上，這一關要抛起一顆，同時撒石頭。唱著：「我的六，六月天，天上銀河落九天。」

第十關「天黑了進雞窩」：抛起一顆石頭，把其他的撒在地上，然後一隻手大拇指與其他四指併攏彎曲放在地上，形成一個洞狀，然後把一顆石頭抛向空中，把地下的石頭一顆一顆，依次撥到洞中，最後把地上的石頭全部抓起。唱著：「我的七，小七妮，搬板凳餵小雞。」

十關過完第一輪遊戲結束，在很多地方玩法也不一樣，有的從一唱到十才全部過關。每一關的抓法和唱的內容都有不同。

二、愛心爸媽的行動指南

*年齡小的寶寶玩石頭遊戲要注意不要放到口中。

＊盡量選小的石頭，以防砸傷寶寶。

＊玩抓石頭遊戲，一雙小手在地下摸來摸去，玩完要立刻洗手。

三、這樣的遊戲千萬不要錯過噢！

1、在玩石頭的遊戲中加深了寶寶對數字的認識，提高了寶寶對數學的興趣。同時學習到石頭的特性。

2、在抓石頭的過程中眼神要隨著石頭的拋起和落下上下左右晃動，對眼睛有很好的保健作用。

3、遊戲中手、眼並用，相互配合，協調一致，兒歌始終貫穿遊戲之中，起了動手、動口、動腦的作用，鍛鍊了手指的靈活性，提高了大腦的反應速度，增強了思維能力。

遊戲30

編花籃

有一次回家鄉吃喜酒，見到了兒時的小朋友，現在都已經到了不惑之年。大家難得一見，圍在一起興奮地聊了起來，聊起小時候在一起踢毽子、抓石頭、跳繩、丟手帕，還有編花籃等等。說到高興處，有人提議要重溫兒時的遊戲，可惜手邊沒有手帕、毽子……就只有玩不需要任何道具的編花籃了。提議是不錯，但是不知道當年編花籃的人還能不能跳得起來。

遊戲一開始我還應付的來，慢慢地兩隻手使勁抓著前面的人，幾乎是掛在了別人的身上。也許是平時鍛鍊太少了，就是這樣還跳得滿頭大汗，腦袋一片空白。這時，不知是誰堅持不住了，腳鬆了一下，大家都跌坐在地上，這下更是笑得上氣不接下氣了。有人不停地說：「老了！真的老了啊！」我的鞋子也被踩掉了，怕被大家取笑，急忙撿起來穿上。還有人不服氣，非要接著玩，沒有辦法我只好硬著頭皮重新加入隊伍。大家又跳了起來，漸漸地，我的腳越來越沉，腳也越來越疲，實在累得不行了，又一次跌倒在地……

再也找不回那些紮著羊角辮，一蹦就是半天的孩子們了。

在陽光下，在草地上，不妨讓寶寶們去體會一下編花籃的快樂。

一、開心玩遊戲

寶寶的名字叫鋼蹲兒（1～2歲）

寶寶特別喜歡讓爸爸、媽媽抱著，那就一起玩編花籃的遊戲吧！

1、爸爸和媽媽面對面站好，媽媽用一隻手抓著另外一隻手的手腕，爸爸也這樣做。

2、媽媽的一隻手抓著自己的手腕，另一隻手抓著爸爸的手腕，爸爸也這樣做，用另一隻手抓著媽媽的手腕，這樣四隻手就編成一個田字形的花籃。

3、爸爸、媽媽蹲下：「寶寶，花籃編好了，你就是花籃裡的小孩，快進來吧！」寶寶騎在花籃上，兩隻腳分別放在爸爸、媽媽的懷中，兩手扶著爸爸、媽媽的肩膀。

4、爸爸、媽媽唱著：「編、編、編花籃，花籃裡頭有小孩，小孩名字叫什麼？叫鋼蹲兒。蹲下，起來，蹲下，起來……」爸爸、媽媽一邊唱一邊蹲下起來，起來蹲下。

5、寶寶高興地揚起小臉：「哈哈！哈哈！我叫鋼蹲兒。」讓寶寶也模仿媽媽的樣子，和媽媽在一起編花籃，把寶寶的布娃娃放在花籃裡，然後一邊唱歌，一邊蹲下、起來，起來、蹲下，寶寶會玩得特別開心。

6、讓寶寶教其他的小朋友，大家一起玩編花籃。

你見過這麼美麗的花朵嗎？（3～5歲）

春天來了，帶著寶寶到大自然中和小朋友一起玩遊戲，讓他們也像花兒一樣盡情綻放吧！

1、幾個小朋友圍成圈蹲下，有一個小朋友做花蕊，「花蕊」在圈中盡情地舞動。有一個家長當園丁，給花朵澆水。

2、春天來了，花兒開放，園丁做出澆花的動作，寶寶們像一個個綻放的花瓣，慢慢地抖動著站起來，然後寶寶們手拉手的向後伸展身體，預示著花兒越開越大。

3、每個人都抬起一隻腳，順著同一方向把腳放在拉起的手上，然後用一隻腳跳著轉圈。圈裡的小朋友自己捲起一隻腳也跳著轉圈。

4、跳到原來的位置，大家放下腳，鬆開手慢慢蹲下，花兒謝了。遊戲結束，然後重新開始。寶寶們非常喜歡這個遊戲，特別是小女孩，幾個漂亮的小女孩穿得花枝招展，抖動著慢慢站起，不正像一朵朵正在開放的花朵嗎？

編了花籃好比賽（4～5歲）

邀幾個小朋友進行編花籃比賽，遊戲最少要四個人，兩個人一組。

1、兩個寶寶背對背站著，各自向後伸出一隻腳，兩隻腳相互纏繞，互相用腳尖搭在對方的腳

踝處，勾在一起，編成一個花籃。另外兩個寶寶也同時這樣做，編成花籃。

2、比賽開始，兩組寶寶都拍著手唱著歌，在歌聲中有節奏的跳著轉圈。第一組寶寶配合的很好，兩人同時跳起，慢慢向同一方向跳，花籃轉了起來。

3、第二組寶寶跳了一下就停下了，原來他們對著臉跳了，差一點花籃就散開了，他們調整好方向重新開始跳。哪一組能堅持到最後，哪一組就是勝利者。

4、還有一種玩法是：兩個寶寶並排站，然後各自伸出緊挨著的腳勾在一起，然後大家拍著手唱著歌向前跳。比一比看哪一組跳的快，跳的遠。

5、兩組寶寶準備好以後，就開始跳。如果配合不好，一個人先跳了，或者跳的快，另外一個人跟不上，輕者花籃散開，重者兩人會同時摔倒在地。當然比賽就輸了。

小男孩通常比較喜歡這樣的遊戲，往往學會就樂此不疲。

坐轎嘍！（5～7歲）

你坐過用腳編成的轎子嗎？要不就來試試吧！遊戲要五個人，四個人編花籃，一個人坐轎。

1、遊戲開始，四個人先編花籃，第一個人和第二個人手拉著手站好，第一個人抬起一隻腳向後彎曲，把腳放在和第二個人拉在一起的手上，第三個人走過來，也抬起一隻腳向後彎曲，將腳放在第一個的腳彎處，第四個人把腳放在第三個人的腳彎處，這時就剩下第二個人了，第二個人把腳放在第四個人的腿彎處，然後把第一個人的腳從手上小心的放在自己的腳彎處，一個花籃就編好了。然後大家都把右手或左手搭在前面人的肩上，另一隻手掐著腰。大家編的時候要統一是左腳或是右腳，否則就沒有辦法向同一個方向跳。

2、剩下的一個人就是坐轎的，他很興奮地坐在四人編成的花籃裡。大家開始一邊唱歌一邊向前跳，四個人先唱：「編、編、編花籃，花籃裡頭有小孩，小孩名字叫什麼？」坐的人回答：「叫鋼蹲兒。」大家緊接著蹲下，然後站起來接著跳著轉圈，然後再蹲下，直到有人堅持不住，花籃散了為止。

3、如果坐的人很胖，可能剛剛坐進去，由於太重有人撐不住腳掉下來，花籃就散開了，只有換成其他人坐了，遊戲重新開始。如果有一個人跳不動摔倒了，可能其他人也跟著摔倒，大家倒在地上開心地笑著，爬起來重新開始。

編個大大的花籃送給你（7歲以上）

小朋友都很喜歡玩編花籃，人多了更有意思，但是人越多，花籃越鬆，越不容易長時間轉動，這就要求大家團結一致，緊密配合。

1、大家圍成圈，然後手拉著手。一個人先開始把腳勾在和他牽手的人的手上，大家依次把腳勾在前一個人的腳彎處，記住大家要用同一側的腳去勾。最後把第一個人的腳放在最後一

個人的腳上，一個大大的花籃就編好了。

2、大家一起拍著手唱歌，跟著歌聲的節奏向前跳躍，這樣花籃就轉起來了，像一個旋轉的大花環。歌聲嘹亮，一會兒就引來很多圍觀者。大家唱的、跳的更帶勁了：編，編，編花籃，花籃裡面有小孩，小孩名字叫什麼？小孩的名字叫花籃！馬蘭開花21，256，257，28，29，31；356，357，38、39、41……越跳數字越大，越複雜，可是大家卻唱得很流暢，一直唱到遊戲結束。

3、小女孩們的辮子隨著跳動，左搖右擺，像花叢中的蝴蝶在飛舞。大家終於累得氣喘吁吁，歌聲小了下來。不知道是誰堅持不住摔倒了，大家一個個都跟著摔在地上，一個趴在另一個的身上，快樂地笑著、鬧著，爬起來的第一件事，就是找出第一個摔倒的人，把她放在圓圈中央接受懲罰……

二、愛心爸媽的行動指南

玩編花籃無論人多人少，都要方向一致，而且要密切配合。

三、這樣的遊戲千萬不要錯過噢！

1、編花籃遊戲要求寶寶要和夥伴們密切配合，培養了寶寶的合作意識和團結友愛的精神。

2、在遊戲中鍛鍊了寶寶的耐力和毅力。

3、透過遊戲鍛鍊了寶寶的跳躍能力和身體的平衡能力。

遊戲31

堆雪人、打雪仗

雪，是冬天送給大地的禮物，它把世界裝扮得更加美麗。放眼望去彷彿置身於童話般的冰雪王國，一切都充滿了詩情畫意。下雪國度的孩子們在雪地上追逐嬉戲，有的玩堆雪人，有的玩打雪仗，有的玩滾雪球，還有的靜靜地站在雪地裡舉起小手接起那瑰麗的雪花……

這對於在台灣的孩童來說是充滿憧憬的，但是仔細一想，現在小孩經常有出國的機會，鄰近的日本、韓國就有白茫茫的雪地景致。下雪了，雪地裡摸、爬、滾、打是寶寶們最好的遊戲，帶著寶寶去雪地痛痛快快地「瘋」一回吧！

一、開心玩遊戲

這是我的小腳印（1～2歲）

下雪了，到處是白茫茫的一片，整個世界一塵不染，晶瑩如玉。不要錯過這難得的機會，給寶寶穿上的防寒衣，戴上帽子、圍巾、手套，去感受大自然帶來的神奇。

1、找一塊乾淨平整的雪地，把寶寶放在地上，寶寶用小手小心翼翼地去摸了摸，哦！涼涼的，抓到手中一會兒就不見了。

2、寶寶第一次見到雪，他非常喜歡這像麵粉一樣的東西。媽媽：「寶寶，我們在雪地上印上我們的腳印好嗎？這樣雪花就記住了我們，明年冬天還來找寶寶玩。」寶寶高興地在雪地上跑來跑去，在「吱嘎吱嘎」的響聲中，留下了一串串深深淺淺的小腳印。

3、在寶寶的小腳印旁邊，媽媽也踩上大腳印，讓寶寶比較一下，說出哪些是自己的，哪些是媽媽的。

4、讓寶寶在雪地上踩出不同的形狀，比如，小圓圈、三角形、小鴨子等等。和媽媽比一比看誰踩的快，踩的更像。

白白的雪地映襯著寶寶紅通通的小臉，真是一幅美麗的圖畫。

哇！好大的雪球（3～5歲）

下雪了，一片片晶瑩剔透的雪花，像潔白的小天使一樣清純可愛，飄飄揚揚地降落到大地上，彷彿給大地蓋上一床厚厚的棉被，雪還在紛紛揚揚的下著，去滾雪球嘍！寶寶興高采烈地叫著，像小鳥一樣飛出了家門。

1、寶寶跑到外面，揚起稚嫩的小臉，伸出小手接住這冬天裡的美麗小精靈，寶寶高興地叫了起來：「真漂亮，有六個花瓣。」經過仔細觀察，寶寶發現雪花有好多形狀，有的像梅花、有的像羽毛、有的像柳絮……每一片都那麼純潔，那麼美麗。

2、滾雪球去了！寶寶在媽媽的提議下向一條小路跑去，路上已經有了厚厚的積雪，而且這條路有一點斜坡，推起來比較省力，很適合滾雪球。

3、媽媽提議：「寶寶，我們比賽好不好，看誰滾的雪球大。」寶寶歡呼雀躍：「好哇！好哇！」

4、滾雪球的第一步是先用手做一個小雪球，媽媽做了一個，寶寶模仿媽媽的樣子也做了一個。

5、媽媽告訴寶寶：「要把小雪球先放在雪地上原地轉圈，這樣雪球就越滾越大，等到有足球大小了，再推著雪球跑，那樣比較省力。」寶寶在媽媽的提示下把小雪球滾成了大足球，然後推著雪球順著小路滾了起來，雪球越滾越大。如果碰上比較陡的地方，根本不用推，雪球自己就滾下去了，寶寶飛快地追趕，腳下一滑，仰面朝天像坐溜滑梯一樣，滑了下去。

6、終於，雪球大得寶寶再也推不動了，停了下來。寶寶直跑得氣喘吁吁，臉兒通紅，鼻尖上沁出一層細細的汗珠。

打雪仗嘍！（5～7歲）

早晨一拉窗簾就看到屋頂、樹梢、草坪全是潔白一片，真是瑞雪兆豐年！這可是千載難逢的

好機會，帶著寶寶去打雪仗嘍！

1、戴上圍巾、手套、穿上棉衣，還有厚厚的小毛靴，整裝待發。

2、到了雪地，打仗就要有敵對的雙方，媽媽和寶寶是一組，爸爸只有當壞蛋的份了。

3、戰爭開始，寶寶和媽媽分工明確，寶寶負責做雪球，媽媽負責發射。爸爸抓起一團雪還沒有捏成雪球，媽媽的雪彈已經打了過去，爸爸迅速向下一蹲，雪球飛過爸爸的頭頂。爸爸站起立刻進行反攻，媽媽和寶寶躲在大樹後面，雪球打在樹上摔得粉碎。媽媽在爸爸低頭抓雪的時候衝出去，一個雪球在爸爸的頭上開了花。雪地上頓時傳來快樂的笑聲。

好可愛的聖誕老人（7～10歲）

飄飄灑灑的一場大雪迎來了盼望已久的耶誕節，這是聖誕老人送來的禮物。寶寶們走出家門打雪仗，還要和爸爸、媽媽去堆雪人。

1、準備堆雪用的工具，雪人的鼻子（胡蘿蔔或紅辣椒）、眼睛（鈕釦或飲料瓶蓋）等等，千萬不要忘了帶相機。

2、選擇好地點，爸爸就開始用工具聚攏附近的積雪，然後開始做雪人的底座。因為附近的雪很多，爸爸決定堆個大雪人，於是弄了一個大大的底座。

3、底座做好了，開始做雪人的身子和腦袋。媽媽做雪人的身子，寶寶做雪人的腦袋。怎麼做呢？媽媽提示寶寶，先捏個圓圓的小雪球，然後把小雪球滾成大雪球就可以了。寶寶模仿媽媽的樣子，捏了小雪球，在雪地滾啊滾啊！媽媽滾了一個比底座小一些的雪球放在底座上做身子，媽媽告訴寶寶：「雪人腦袋要比身子小很多，有身子的二分之一就可以。」寶寶很快滾好了雪人的腦袋，親手放在雪人的身子上。

4、用雪固定好雪人的身子和腦袋，一個雪人的雛形就做好了。以後的工作就是寶寶的了。

5、寶寶用兩個圓圓的大鈕釦做雪人的眼睛，用一根胡蘿蔔給雪人做了個尖尖的鼻子，用一根彎彎的小樹枝做雪人的嘴巴，幾個廢棄的飲料瓶蓋成了雪人衣服上的鈕釦。寶寶又找來兩根樹枝插在雪人的兩側就成了雪人的手臂，在樹枝的一端分別掛上一個紅色的塑膠袋，這是雪人的手了。

6、一個完整的雪人做好了，寶寶高興得手舞足蹈，他看了看好像還缺點什麼，就跑去拿了玩具聖誕老人的小紅帽給雪人戴上，高興地拍著小手：「好可愛的聖誕老人啊！」

7、帽子小了一點，雪人戴上很滑稽，爸爸又把圍巾給雪人圍上，這樣就更可愛了。可以照張全家福了，把這美好的時光記錄下來。

8、寶寶意猶未盡，自己動手又堆了一個小雪人，放在盆中端回家。室內溫度比外面高很多，寶寶眼睜睜地看著小雪人慢慢縮小，最後消失，融化成水。寶寶很傷心，但是他明白了雪人是留不住的。

二、愛心爸媽的行動指南

＊雪天出去要注意給寶寶保暖，衣服要合身而且要防水，還要給寶寶戴一副五指分開的防水手套，穿上高筒棉皮靴，防滑效果一定要好。

＊不要給寶寶穿長款的大衣圍長長的圍巾，這樣寶寶很容易被絆倒。

＊要叮囑寶寶打雪仗、堆雪人時，不要把雪撒到小朋友的臉上或脖子裡，也不要用力推小朋友，地滑容易摔倒，發生危險。

＊在玩耍中最容易凍傷的是耳朵、鼻子、臉頰、手指和腳趾。如果有輕微的凍傷，父母要在第一時間做出應急措施。

①把寶寶帶到一個相對暖和的房間，將外面的衣服、鞋和襪子都脫掉，用被子裹住身體取暖。

②給寶寶喝一杯熱水或薑湯，讓他從內而外都暖和起來。

③給寶寶換上乾爽暖和的衣服，用溫水浸泡凍傷的部位（如果凍傷很嚴重，不能浸泡，要立即去看醫生），直到皮膚恢復原來的膚色，用乾毛巾把水分吸乾。暫時不要讓寶寶再到寒冷的外面去。

＊寶寶比較貪玩，常常忘了時間，父母一定要即時提醒寶寶進屋取暖，以防時間過長凍壞身體。

＊叮囑寶寶玩耍時一定要注意行人和車輛。

三、這樣的遊戲千萬不要錯過噢！

1、透過遊戲寶寶瞭解了雪的一些特性和形狀，比腳印讓寶寶有了大小概念。

2、透過堆雪人遊戲提高了寶寶的想像力和創造力。

3、透過雪地裡的遊戲寶寶加深了對四季變化的認識，學習到雪是大自然的產物，領悟了大自然的神奇，激發了寶寶的好奇心和探索精神。

4、下雪天，空氣得到淨化，寶寶到雪地裡玩耍能伸展四肢、活動筋骨，呼吸一下新鮮空氣，接受冷空氣的刺激，增強抗寒能力，使寶寶的身體更加健康、強壯。

5、在把雪人帶回家的遊戲中，孩子親眼看到雪和水和溫度的關係，學到了更多的科學知識。

遊戲32

跳馬背

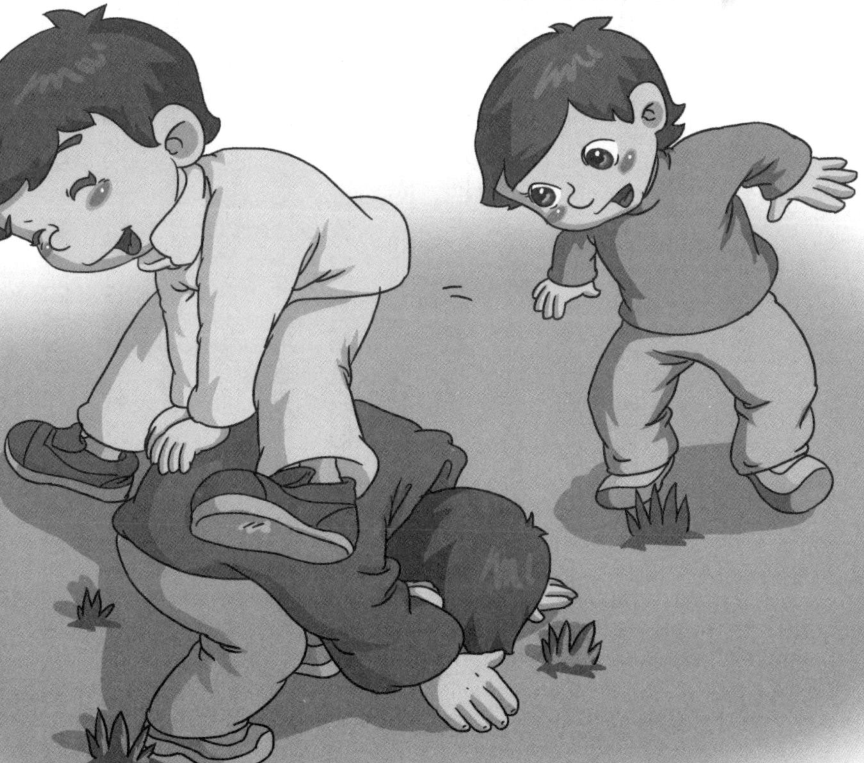

記得剛到鄉村上小學時，一天放學，幾個小朋友喊著說要去跳馬背。我很納悶：「玩什麼不好，馬活蹦亂跳的能讓你跳牠嗎？」我的話剛剛出口，小朋友們就大笑起來。我很生氣，「有什麼好笑的，難到我說錯了？」我一邊嘀咕，一邊向另一個方向走去。小朋友們把我拉了回來，說你一會兒就知道了。大家跑到村邊的一個開闊地上，進行猜拳，輸的人彎腰弓下身子，然後其他人從他身上跳過，原來這就是跳馬背！看著大家都很輕鬆地跳了過去，好像沒有什麼難的。輪到我了，提提褲子，飛快地向「馬」跑去，抬腿跳起，不知道哪裡出了問題，一屁股將「馬」坐在了身下。大家頓時哈哈大笑，我羞得滿臉通紅。沒有跳過去，就只有當馬背的份了。可是小朋友們因為我第一次玩，給了我一次機會，讓我在一邊看著好好學學。這時一個小朋友飛快向前跑去，眼看接近「馬」，然後雙手摁在「馬」的背上，雙腿分開身子前傾奮力一跳，身子一下躍起，瞬間整個人都飛了過去，穩穩落在地上。又輪到我了，我還是很害怕，不敢去跳，怕再次摔倒讓大家嘲笑。小朋友們不停催促著：「快跳，有什麼好怕的，我們一開始也是這樣的，跳幾次就會了。」我壯壯膽子，飛快地向前跑去，也學著別人的樣子，雙手用力摁在「馬」的背上，閉上眼睛，兩腿分開一用力，接著一鬆手，沒想到，還真越過了「馬」。

現在，這樣的遊戲很少能看到了，每次一想到這些，覺得十分留戀。讓我們的下一代也接著玩這樣的遊戲，將快樂進行到底吧！

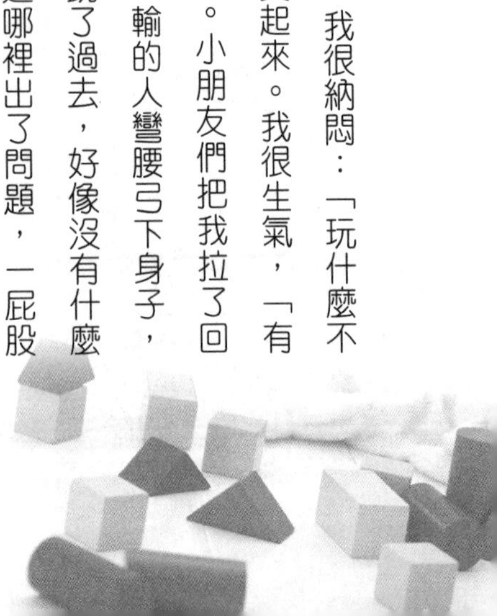

一、開心玩遊戲

我也可以跳過去（3～5歲）

寶寶總是喜歡蹦蹦跳跳，可以和寶寶玩跳過障礙物的遊戲，這個遊戲有一定的難度，要分腿挺身跳過才可以噢！

1、準備大小不等的廢舊輪胎若干，地墊若干。

2、鋪上地墊，以防寶寶摔傷了，把輪胎平放在地墊上，開始時只要放一個小的。

3、遊戲規則：寶寶先要跑幾步，然後雙腿叉開挺身躍過輪胎，雙腳前後著地。

4、遊戲開始，一些膽小的寶寶可能會膽怯，媽媽要不停的鼓勵寶寶：「加油！寶寶是最棒的，一定可以跳過去。」寶寶快步跑向輪胎，由於起跳太早，沒有跨過輪胎，一屁股坐在了輪胎內。媽媽：「要跑到輪胎附近，抬起雙腿最大幅度向前跳，緊接著挺身，雙腳先後著地。」寶寶返回重新開始，這次很輕鬆地抬腿挺身躍過輪胎，雙腳先後平穩著地。

5、隨著寶寶慢慢熟練，可以換成大一點的輪胎，增加跨越的難度。

小兔子找媽媽（5～6歲）

板凳也是寶寶好玩的玩具，經常騎在胯下當戰馬。可以和寶寶用小板凳玩遊戲，媽媽：「寶寶，我們用小板凳玩小兔子找媽媽好嗎？」

1、準備兩個小圓凳，一個小方凳，一個小兔子的頭飾，一個兔媽媽的頭飾。

2、遊戲開始：寶寶帶著兔寶寶的頭飾，手中搬著小圓板凳，藉助小板凳的力量向前跳，快到家了，前面有一個小方凳，這是兔寶寶家的大門，小兔子要跳過去。媽媽先示範一下：雙手撐著板凳，分開腿跳過板凳。

4、寶寶很聰明向前跑了幾步，雙手撐著板凳，分開小腿一躍跳過方凳。

5、兔寶寶沒有找到媽媽，重新跳過方凳，到外面去找媽媽。這時媽媽戴著頭飾也藉助小圓凳跳著來了。寶寶和媽媽高興地依次用前面的方法跳過小方凳回到家，遊戲結束。

6、這樣的遊戲寶寶會很感興趣，經常練習，慢慢的可以換成高一點的板凳。要求寶寶一定掌握要領：雙手用力撐在板凳上，然後盡量低頭，身子前傾，抬起小屁股，雙腿盡量叉開，跳過板凳雙手立刻放開，以防摔倒。

好刺激的跳馬背（7歲以上）

這可是個既刺激又好玩的遊戲，保證你學會玩了，一定喜歡。這個遊戲多數是男孩子參加，

也有膽大的「假小子」加入。遊戲不需要什麼道具，對場地也沒有過多要求（最好是泥土地或草地，摔倒了不痛，水泥地最好鋪上地墊），可以隨時隨地遊戲。

1、大家找一塊寬敞的地方，然後進行猜拳，輸者來當馬背。

2、遊戲規則：遊戲一共分五級

第一級：「馬」蹲下，頭下垂，雙手著地，背部朝上。

第二級：「馬」彎腰雙手抓住腳踝，臀部向上。

第三級：「馬」彎腰向下，雙手緊緊抓住小腿，背部朝上。

第四級：「馬」彎腰向下，雙手緊緊抓住膝蓋，背部朝上。

第五級：「馬」身體站起直立，垂下腦袋，雙手緊緊抱在脖子後面。有句順口溜說的很具體「腦袋當球踢，屁股當鼓打」。所以「馬」要盡量低頭，縮起屁股。否則跳過的人可能會踢到腦袋。如果跳的人是個大胖子，技術也不高，「馬」就慘了，可能被撞個倒栽蔥，或被一屁股坐在身下。

參加者快速起跑，衝到「馬」前，雙手撐著「馬」，雙腿同時分開，一越而過。如果哪個人沒有跳過，或者膽小臨場退縮，就會被淘汰出局，貶為「馬」，遊戲重新開始。

3、遊戲開始：「馬」蹲下，做好準備，參加者排好隊，前面的人快速跑到「馬」前，雙手輕輕一拍「馬」，抬腿躍了過去，後面的人緊緊跟上，不時有人單手跳過，引得圍觀者一陣掌聲。第二、第三級難度加大，但是由於不算太高，大家也都能輕鬆跳過。

4、接著是第四級，難度更大，前面跳的人向後退了幾步，加大了助跑的距離，迅速衝到馬背前，雙手使勁一摁馬背的背部，藉助雙手的力量，雙腿叉開騰空而起，劃過了一條美麗的弧線，輕盈落下，迎來了一陣熱烈的掌聲。後面的人一一跟上，這時有膽小的，開始畏懼了，縮著脖子向隊伍的後面退去。最後在大家的嘲笑聲中，戰戰兢兢地閉著眼睛跳起，不料摔了個「狗吃屎」，大家笑得前仰後翻。

5、第五級，「馬」站起，如果這是隻高大的「馬」，跳的人就慘了，這也是最有意思的時候，跳的人不得不加大助跑的距離，用最快的速度向馬背衝去，有的人衝到馬背面前由於畏懼，不敢跳了，但是已經收不住腳，一頭抵到馬背身上，兩人一起摔個「嘴啃泥」，引得大家哄堂大笑。有的人技術很高，開始助跑，接著加快速度，到馬背前一拍馬背的肩膀，騰空躍起，像一隻輕盈的燕子飛了過去，場上一陣驚呼，立即迎來很多羨慕的目光。也有膽小的，試也不試，知道自己跳不過去，提前退出，充當「馬」。

二、愛心爸媽的行動指南

*要選擇泥地或草地，在堅硬的水泥地面上玩要鋪地墊，因為遊戲時用力過猛容易摔倒。

*要穿運動服和運動鞋，這樣方便跳躍，如果不小心踢到當馬背的人也不會踢傷。

三、這樣的遊戲千萬不要錯過噢！

1、透過跳輪胎的遊戲，進一步提高了寶寶的彈跳和身體的平衡能力，同時鍛鍊了寶寶的耐性。

2、在小兔子找媽媽和跳馬背的遊戲中，寶寶的雙臂、雙腿都得到了很好的鍛鍊，身體的柔韌度、協調性和靈敏度都有所提高。提高了寶寶跨越障礙物的本領。

3、在跳馬背的遊戲中磨練了寶寶的意志，形成了寶寶膽大、勇敢，勇於挑戰的精神和自我保護的能力。

4、培養了寶寶的創新意識和能力，激發了寶寶的潛能，體驗了集體遊戲的樂趣，更有利於他們個性的發揮。

國家圖書館出版品預行編目資料

培養孩子會玩的軟實力／楊欣欣編著.
－－第一版－－臺北市：知青頻道出版；
紅螞蟻圖書發行，2011.1
面　　公分－－
ISBN 978-986-6276-52-1（平裝）

1.兒童遊戲

523.13　　99026837

培養孩子會玩的軟實力

編　　著／楊欣欣
美術構成／Chris' office
校　　對／周英嬌、楊安妮、朱慧蒨
發 行 人／賴秀珍
榮譽總監／張錦基
總 編 輯／何南輝
出　　版／知青頻道出版有限公司
發　　行／紅螞蟻圖書有限公司
地　　址／台北市內湖區舊宗路二段121巷28號4F
網　　站／www.e-redant.com
郵撥帳號／1604621-1　紅螞蟻圖書有限公司
電　　話／(02)2795-3656（代表號）
傳　　真／(02)2795-4100
登 記 證／局版北市業字第796號
港澳總經銷／和平圖書有限公司
地　　址／香港柴灣嘉業街12號百樂門大廈17F
電　　話／(852)2804-6687
法律顧問／許晏賓律師
印 刷 廠／鴻運彩色印刷有限公司
出版日期／2011年 1 月　第一版第一刷

定價 270 元　港幣 90 元

ISBN 978-986-6276-52-1　　**Printed in Taiwan**